POWER-SUPPEN,

BRÜHEN & TOPPINGS

DAGMAR VON CRAMM

AF637201

Stiftung Warentest

INHALT

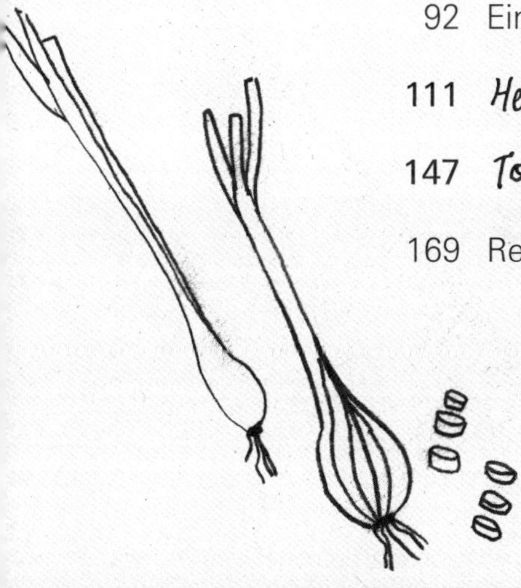

WUNDERTRANK AUS DEM TOPF?

Suppen sind richtige Allroundtalente. Sie lassen sich prima vorbereiten und unkompliziert mitnehmen, insbesondere selbst gemachte Schichtsuppen. Mit heißer Brühe aufgegossen, entsteht im Handumdrehen eine leichte Mahlzeit für zwischendurch (s. Seite 40–41). Über die Wirkung von Suppen gibt es viele Mythen, die wissenschaftlich nicht belegt sind. Hier hat die Volksmedizin das Wort. Allerdings helfen Fakten aus der Ernährungsphysiologie, die heilsamen Effekte zu erklären.

❶ Macht Suppe schlank?

Das Basensüppchen beim Fasten und die magische Kohlsuppe versprechen ja genau das. Richtig ist: Suppe enthält viel Wasser, füllt dadurch den Magen und macht durch den „Dehnungsreiz" schnell satt, wenn sie durch viel Gemüse, Hülsenfrüchte und Vollkorn auch noch ballaststoffreich ist umso mehr. Und meist hat sie weniger Kalorien als eine „feste" Mahlzeit. Wer Sandwiches durch Suppe ersetzt, nimmt damit sicher ab.

- Basilikumcremesuppe mit weißen Bohnen (s. Seite 81)
- Schwarzwurzelcremesuppe (s. Seite 99)
- Frühlingsminestrone (s. Seite 120)
- Sommergemüsetopf (s. Seite 122)
- Winterminestrone (s. Seite 124)

❷ Hilft Hühnersuppe gegen Grippe & Co.?

Das behauptet zumindest die Erfahrungsheilkunde – und fast jeder hat schon einmal selbst diese Erfahrung gemacht. Warum Hühnersuppe die Erkältungssymptome mindert, wissen wir nicht. In jedem Fall gleicht sie aber Flüssigkeits- und Mineralstoffverlust bei Krankheit aus. Aus Hühnerklein gekocht, enthält sie besonders viel Gelatine, Eiweiß und wichtige Mineralstoffe.

- Hühnerbrühe (s. Seite 25)
- Thai-Hühnersuppe (s. Seite 49)
- Hot Hühnerpot (s. Seite 119)
- Stärkende Hühnerkraftsuppe mit Sellerie (s. Seite 131)
- Milde Hühner-Kokos-Suppe (s. Seite 138)

❸ Ist Suppe ein Detox-Wunder?

Durch die viele Flüssigkeit werden die Nieren unterstützt. Die Leber profitiert von Kräutern und Gewürzen wie Rosmarin, Salbei, Meerrettich, Ingwer, Pfeffer, Zimt und Nelken. Außerdem tun ihr die Bitterstoffe in Blattgemüse und natürlich

Mineralstoffe wie Magnesium und Kalium gut. Wenn die Suppe dann noch mager ist, freut sich die Leber.

- Selleriebouillon mit ausgebackenen Sellerieblättern (s. Seite 38)
- Entenbouillon mit Sternanis und Süßkartoffel (s. Seite 42)
- Coole Gurken-Minz-Suppe (s. Seite 52)
- Wildkräutersüppchen (s. Seite 78)
- Mandel-Radieschengrün-Suppe (s. Seite 89)

❹ Fördert Knochenbrühe starke Knochen?

Kocht man Knochen lange aus, löst sich ein kleiner Teil des darin enthaltenen Knochenbausteins Kalzium heraus. Die Menge ist aber gering, weil die Suppe, in der die Knochen kochen, nicht sehr sauer ist. Säure ist jedoch nötig, um das Kalzium zu lösen. Besser geeignet für die Kalziumversorgung sind Milchprodukte und Gemüsesorten wie Brokkoli, Grünkohl und Spinat. Dafür löst sich aber jede Menge Gelatine aus den Knochen, die ebenfalls stärkend auf Knochen, Bänder und Sehnen wirkt.

- Fischfond (s. Seite 22)
- Hühnerbrühe (s. Seite 25)
- Kraftbrühe (s. Seite 26)
- Ochsenschwanzsuppe (s. Seite 46)
- Kalte Kraftbrühe mit Kräutersorbet (s. Seite 65)

❺ Kann Suppe Kater killen?

Alkohol entzieht dem Körper Flüssigkeit. Deshalb fühlen wir uns am nächsten Morgen oft matt und schlapp. Suppe tut deshalb gut, weil sie die Flüssigkeitsspeicher wieder auffüllt und noch dazu Elektrolyte, also Mineralstoffe, mitbringt. Am besten Gemüsesuppe wählen, denn sie steckt voller Vitamine und Mineralstoffe. An diesem Mythos ist also etwas dran.

- Rote-Bete-Bouillon mit Blättern (s. Seite 32)
- Coole Gurken-Minz-Suppe (s. Seite 52)
- Rübencremesuppe (s. Seite 89)
- Spinatcremesuppe mit Quinoa (s. Seite 104)
- Sauerkrautsuppe mit Trauben (s. Seite 142)

❻ Wirkt Suppe anti-aging?

Für ein strahlendes Aussehen sind genügend Flüssigkeit und reichlich Antioxidantien, Vitamine und Mineralstoffe nötig. Davon enthalten vor allem Gemüsesuppen eine geballte Ladung. Ein anderer Jungbrunnen ist Kollagen. Das sorgt für straffes Bindegewebe, hält die Haut elastisch und schützt Sehnen und Gelenke. Kollagen steckt in Knochenbrühe. Je länger Sie die Knochen bei geringer Hitze auskochen, desto besser die Ausbeute.

- Spinatsuppe mit Lachs (s. Seite 55)
- Beerenmix mit Kokos (s. Seite 67)

- Mandel-Honig-Suppe mit Himbeerpüree (s. Seite 67)
- Hirse-Paprika-Rahmsuppe (s. Seite 82)
- Rote-Bete-Cremesuppe mit Apfeldicksaft (s. Seite 106)

7 Kann Suppe Entzündungen hemmen?

Kräuter und Gewürze wirken entzündungshemmend und antibakteriell. Sie helfen dem Körper und den Organen beim Entgiften. Damit möglichst viele der wirkungsvollen ätherischen Öle enthalten bleiben, die Kräuter und Gewürze am besten erst am Ende der Garzeit zugeben. Auch Aminosäuren und Hydroxyprolin aus Knochen- und Fleischbrühe wirken gegen Entzündungen.

- Zweierlei Radieschensuppe (s. Seite 55)
- Kräuterschaumsuppe auf Kichererbsenbasis (s. Seite 56)
- Erbsen-Salat-Cremesuppe mit Minze (s. Seite 86)
- Kressesüppchen mit Räucherlachs (s. Seite 102)
- Thailändischer Gemüse-Nudel-Topf (s. Seite 134)

8 Hilft Suppe bei Magen-Darm-Erkrankungen?

Wenn Magen oder Darm aus dem Gleichgewicht gekommen sind, vertragen sie nichts schwer Verdauliches. Da ist Suppe die ideale Kost – vor allem fein pürierte Gemüsecremesuppe. Knochenbrühen enthalten außerdem die Eiweißstoffe Glutamin und Glucosamin, die die Darmschleimhaut kitten. Beide ersetzen verlorene Flüssigkeit und Elektrolyte.

- Senfsuppe mit Pastinaken, Sellerie und Tahin (s. Seite 76)
- Rübencremesuppe (s. Seite 89)
- Topinambursuppe mit Zitronengras (s. Seite 74)
- Pastinakencremesuppe (s. Seite 100)
- Mulligatawny-Suppe (s. Seite 114)

9 Macht Suppe fit?

Tatsache ist: Suppe belastet nicht, denn durch das feine Zerkleinern und das Garen der meisten Zutaten und den hohen Wasseranteil sind Suppen leicht verdaulich. Sie sind reich an Ballaststoffen, die dem Darm guttun und somit das Immunsystem stärken. Außerdem sind Suppen konzentrierte Nährstoff-Booster. Die Nährstoffe können vor allem aus pürierten Suppen sehr gut aufgenommen werden, weil sie durch das Mixen aufgeschlossen werden und damit besser verfügbar sind.

- Japanische Nudelsuppe (s. Seite 46)
- Zucchini-Basilikum-Creme (s. Seite 62)
- Grüne Gemüsecreme mit Wirsing (s. Seite 72)
- Blumenkohlcremesuppe mit Pilzbröseln (s. Seite 91)
- Griechischer Fischtopf (s. Seite 126)

WIE PÜRIERT MAN SUPPE?

Die Flotte Lotte

Ganz ohne Strom kann mit der Flotten Lotte jegliches Gemüse sowie Obst passiert werden. Die Lebensmittel werden in einen Aufsatz gelegt und mit Bedienen einer Kurbel durch ein Sieb gepresst. Am besten eignen sich weiche Zutaten wie Tomaten oder gekochte Kartoffeln. Je nach Gerät können verschiedene Siebeinsätze verwendet werden, die zu unterschiedlich feinen Ergebnissen führen.

Der Pürierstab

Besonders für die Zubereitung von feinen Cremesuppen ist der Pürierstab unersetzlich. Die einfache Handhabung und die schnelle Anwendung direkt im Kochtopf ohne Umfüllen macht den Pürierstab zum Hauptwerkzeug der Suppenküche. Bei der Wahl des Pürierstabs ist es wichtig, die Wattzahl zu beachten: je höher, umso leistungsstärker ist der Stab – ideal sind Geräte mit 500 bis 700 Watt. Für große Mengen gibt es extralange Pürierstäbe wie in der Profiküche.

Der Mixer

Auch beim Standmixer spielt die Wattleistung eine wichtige Rolle. Diese sollte mindestens bei 600 Watt liegen, um entsprechend feine Ergebnisse in wenigen Minuten zu erhalten. Wichtig ist auch ein gutes Messer im Gerät. Besonders bei kleinen Suppenmengen ist der Mixer unschlagbar. Mittlerweile gibt es auch Mixer mit Suppenfunktion, die gleichzeitig erhitzen.

Die Thermo-Küchenmaschine

Der Star unter den Küchengeräten – ein Allrounder, der Aufgaben von Sahneschlagen bis Fleischzerkleinern und obendrein noch das Kochen übernimmt. Keine Frage: Diese Geräte sparen viel Zeit, da sie bis auf das Befüllen mit Lebensmitteln und die Einstellung des jeweiligen Programms alles selbstständig erledigen. Dies ist besonders toll beim Ansetzen von Brühen, da durch eine genaue Temperatureinstellung ein Überkochen verhindert wird und das erwünschte Simmern bei geringer Hitze möglich ist. Eine praktische, aber auch teure Zeit- und Arbeitsersparnis.

DIE VORRATS-SUPPENKÜCHE

Suppen sind die klassische Mahlzeit, wenn es schnell gehen muss. Brühen braucht man oft nur in kleinen Portionen. Und wenn man sich schon die Mühe macht, eine echte Kraftbrühe oder einen Fischfond zu kochen, dann lohnt es sich, einen kleinen Vorrat davon anzulegen – erst recht, wenn im Garten gerade Kürbis oder Kräuter Saison haben oder wenn auf dem Markt Rote Bete oder Grünkohl in Massen angeboten wird. Es gibt zwei gute Methoden, Suppe und Brühen haltbar zu machen: Einfrieren oder Einwecken.

Einfrieren

Einfrieren ist sicher am schonendsten und am einfachsten. Nach dem Abkühlen entweder in Tiefkühldosen oder in Gefrierbeutel abfüllen und ab ins Tiefkühlfach. Besonders praktisch: Brühe in einer Eiswürfelbox einfrieren. So lassen sich jeweils kleine Würfel entnehmen, zum Beispiel für Saucen. Nachteil: Das braucht Platz. Für kleine Mengen ist es bestens, für größere Mengen braucht man Tiefkühlschrank oder -truhe. In jedem Fall frisst es Energie. Zu empfehlen ist es für stückige Suppen, denn zarte Lebensmittel behalten so Struktur und Aroma. Nicht geeignet zum Einfrieren sind Kartoffeln. Die enthaltene Stärke verändert ihre Struktur und wird beim Auftauen matschig. Auch Nudeln sind eher ungeeignet, weil sie beim Abkühlen der Suppe noch nachquellen. Wenn Sie Cremesuppen einfrieren möchten und dabei etwas Platz im Tiefkühlfach sparen wollen, können Sie konzentriertes Gemüsepüree einfrieren, das Sie erst nach dem Auftauen mit Wasser oder Brühe zu Suppe verdünnen. Tiefgefroren sind Suppen ca. drei bis sechs Monate haltbar. Am besten vier Stunden vor dem Verzehr aus dem Kühlfach nehmen.

Einwecken

Einwecken heißt nichts anderes als Sterilisieren, also bei Temperaturen um 100 °C in einem Einmachglas mit Gummiring erhitzen. Dabei werden alle Keime in der Suppe zerstört. Beim Abkühlen entsteht ein Vakuum, das verhindert, dass Keime ins Glas wandern. Wichtig bei stückigen Suppen: Die Zutaten sollten am besten nur halbgar sein, da sie beim Sterilisieren noch weitergaren. Bei Brühen und Cremesuppen spielt das keine Rolle. Sie sind deshalb besonders gut fürs Einwecken geeignet. Wenn Sie häufig einwecken, lohnt sich eventuell die Anschaffung eines Einkochautomats, wie Großmutter ihn hatte. Alternativ kann man auch im Backofen sterilisieren.

Und so wird es gemacht:

- Weckgläser oder Bügelgläser mit Gummiring gründlich säubern.
- Die heiße Suppe oder Brühe bis ca. 5 cm unter den Rand einfüllen und Glas verschließen.
- Die Fettpfanne des Backofens zur Hälfte mit heißem Wasser füllen. Die Gläser hineinsetzen und alles zusammen im Backofen bei 100 °C erhitzen, bis innen am Glasrand kleine Bläschen aufsteigen.
- Gläser herausnehmen und langsam abkühlen lassen, damit sich das Vakuum bildet. So ist die Brühe oder Suppe ca. sechs Monate haltbar.

Heiß einfüllen in Twist-off-Gläser

Einfachere Methode, aber mit kürzerer Haltbarkeit: die Aufbewahrung in Twist-off-Gläsern. Dazu die Gläser samt Deckel nach gründlicher Reinigung mit kochendem Wasser ausspülen und auf einem sauberen Geschirrtuch abtropfen lassen. Brühe oder Suppe kochend in die noch heißen Gläser einfüllen, sofort den Schraubdeckel fest aufdrehen und das Glas auf den Kopf stellen. Gläser kühl lagern und am besten innerhalb von zwei Wochen verbrauchen.

Instant-Suppengemüse

Großmutters eingesalzenes Suppengemüse ist besser als jede gekörnte Brühe. Je 300 Gramm Petersilienwurzel, Möhren, Knollensellerie und 1 Stück Meerrettich (ca. 20 Gramm) putzen, ggf. schälen und fein reiben. Von je 1 Bund Liebstöckel und Petersilie Blättchen abzupfen und fein hacken. Alles mit 200 Gramm Salz vermischen. In saubere Twist-off-Gläser füllen, etwas andrücken und im Kühlschrank aufbewahren. Wer einen Mixer hat, zerkleinert das Grünzeug direkt mit dem Salz. Verwenden Sie wie gekörnte Brühe – auf extra Salz verzichten!

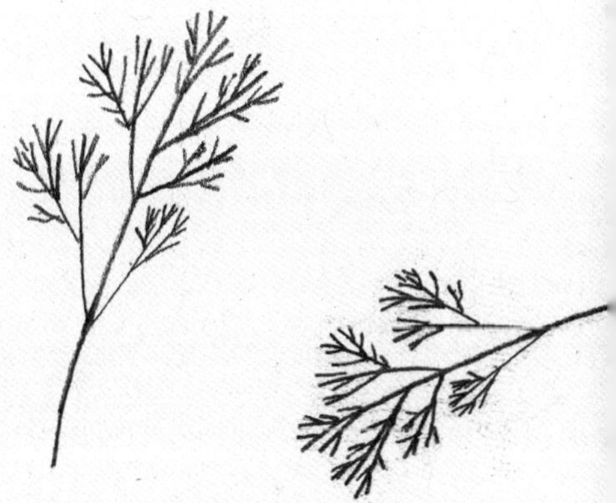

GRUNDREZEPTE BRÜHEN

TIPPS & TRICKS
rund um die Brühe

Ein aromatischer Fond bildet die Grundlage jeder tollen Suppe – es lohnt sich also, hier ein wenig Zeit zu investieren. Damit er perfekt gelingt, sind hier die wichtigsten Kniffe erklärt.

Zutaten

Selbst gemachte Brühen sind die ideale Resteverwertung von Gemüseschalen und -stielen. Am besten „Gemüseabfälle" in einem Gefrierbeutel im Tiefkühlfach sammeln und sobald sie voll ist, eine Brühe daraus kochen. Außerdem empfiehlt es sich, für Brühen saisonale und ungespritzte Produkte zu verwenden.

Hühnerbrühe bereitet man am besten mit Hühnerklein, also Flügel, Hals und evtl. Unterschenkel zu, es enthält am meisten Knorpel und sorgt damit für einen besonders intensiven Geschmack. Bekommen Sie kein Hühnerklein, sollten Sie lieber zwei Hähnchen kaufen, Brust und Keulen auslösen und nur den Rest für die Brühe verwenden. Magen und Herz können als Einlage mitgegart werden. Leber besser separat braten und auf Crostini streichen.

Knochen bekommt man meist nur noch auf Vorbestellung beim Metzger oder beim Kauf von Bio-Fleisch, wenn man gleich ein halbes Tier ordert. Wenn möglich, sollten Sie die Knochen noch vom Metzger in grobe Stücke hacken lassen. Mit Kalbs- statt mit Rinderknochen hergestellte Brühe enthält übrigens im Vergleich mehr Kollagen und gilt traditionell als Aufbaukost. Alle Knochen enthalten aber viel Kalzium, Magnesium und andere wertvolle Mineralstoffe, die beim Auskochen in die Flüssigkeit übergehen.

Rösten

Klare Brühen werden durch das Auskochen besonders aromatischer Zutaten wie Knochen, Karkassen, Gemüse und Gewürze hergestellt. Sie können diesen Zutaten noch ein bisschen mehr Aroma entlocken, indem Sie sie vorher in etwas Öl und Tomatenmark anrösten. Das gilt für Knochen, Zwiebeln und Wurzelgemüse. Bei größeren Mengen Knochen und Gemüse auf einem Backblech im Ofen bei 200 °C ca. 30 Min. braun rösten, ablöschen und nach Wunsch nochmals auskochen.

Abschäumen

Sind eiweißreiche Lebensmittel wie Hühnerklein, Knochen oder Gräten die Basis für die Brühe, kann beim Kochen bräunlicher Schaum entstehen. Grund dafür sind Eiweiße, die sich beim Kochen herauslösen. Wer eine klare Brühe wünscht, sollte den Schaum abheben, bevor sich trübe Flocken bilden. So gelingt's: Die Brühe mit kaltem Wasser ansetzen und sehr langsam erhitzen. Je länger es dauert, bis der Siedepunkt erreicht ist, desto mehr Schaum lässt sich abheben. Den Schaum mit einer Schaum- oder Suppenkelle vorsichtig abnehmen. Dann eine Tasse kaltes Wasser zur Brühe geben und wieder bis zum Siedepunkt erhitzen und den Schaum abschöpfen. So lange wiederholen, bis der Schaum deutlich weniger und heller wird. Dieser weißliche Schaum löst sich beim Kochen später auf.

Abseihen

Nach dem Auskochen von Gemüse, Knochen und Gewürzen für kräftige Brühen müssen die aromagebenden Zutaten wieder aus der Brühe entfernt werden. Schwimmt Kleinteiliges in der Suppe, diese am besten durch ein mit einem Mull- oder Passiertuch ausgelegtes Sieb gießen. Dann werden auch kleinere Schwebstoffe entfernt und die Brühe wird schön klar. Wenn Sie eher gröbere Stücke ausgekocht haben oder Ihnen kleinere Stückchen nichts ausmachen, reicht ein feines Sieb.

Klären

Wem Abseihen nicht reicht, weil er die Brühe glasklar haben möchte, der kann sie mit Hühnereiweiß klären. Dazu pro Liter Suppe ein gut gekühltes Hühnereiweiß leicht aufschlagen und in die zuvor erkaltete Suppe geben. Während die Suppe erhitzt wird, vorsichtig am Topfboden rühren, damit das Eiweiß nicht ansetzt. Sobald die Suppe heiß wird, nicht mehr rühren, sondern einige Minuten ohne zu rühren sieden, aber nicht kochen, lassen, bis sich alle Schwebstoffe an das Eiweiß gebunden haben. Die festen Eibestandteile dann abseihen oder mit dem Schaumlöffel entnehmen. Neben Trübstoffen können hier allerdings auch Aromen im Ei gebunden werden.

Der Turbo

Bei klaren Brühen und Fonds braucht es einfach seine Zeit, bis Aromen und Inhaltsstoffe von den Knochen in die Flüssigkeit übergegangen sind. Sie können den Prozess mit dem Schnellkochtopf aber beschleunigen. Dann dauert das ganze Prozedere nur ca. ein Drittel so lang wie im

herkömmlichen Topf. Dafür das Gargut aufkochen, nach Bedarf abschäumen, dann den Deckel verschließen und auf Stufe 2 garen. Hühnerbrühe aus Hühnerklein braucht ca. 15 Min., verwenden Sie ein Suppenhuhn oder kochen Sie Rinder- bzw. Knochenbrühe, sollten Sie mit ca. 30 Min. rechnen.

Entfetten

Vor allem auf Fleisch- und Geflügelbrühen setzt sich während des Kochens eine nicht unwesentliche Menge Fett ab. Gerade Rindertalg ist reich an gesättigten Fetten und nicht ganz so schmackhaft. Hühnerfett schneidet bei beidem besser ab. Auch wenn Fett als Geschmacksträger gilt, ist es oft sinnvoll, einen Teil davon zu entfernen. Zwei Methoden sind besonders einfach umzusetzen:

❶ **Methode 1: Wenn Sie genug Zeit haben, die Suppe abkühlen lassen und in den Kühlschrank stellen. Dann erstarrt das Fett und lässt sich mit einem Löffel ganz einfach abheben und entfernen. Übrigens: Je fester das Fett, desto mehr ungesunde Fette enthält es.**

❷ **Methode 2: Wollen Sie die noch heiße Suppe entfetten, ist eine Fett-Trennkanne praktisch. Sie hat einen tief angesetzten Ausgießer. So bleibt das Fett ganz oben und die fettfreie Brühe fließt von unten her ab. Das Fett bleibt in der Kanne zurück und kann verworfen oder in ein anderes Gefäß (s. Tipp) umgefüllt werden.**

Joker: Wenn Sie weder Zeit noch ein Fettkännchen haben, gibt es noch einen einfachen Trick, um der Brühe Fett zu entziehen: Die Brühe portionsweise in einen Gefrierbeutel füllen, unten eine Ecke abschneiden und so lange laufen lassen, bis die Fettschicht kommt. Abknicken und Fett aufheben oder entsorgen.

Tipp: Das aromatische Fett aus der Suppe in ein Schraubglas füllen und im Kühlschrank aufbewahren. Einfach zum Dünsten verwenden.

KRÄFTIGE GEMÜSEBRÜHE *(kalt angesetzt)*

15 Min. + 12 Std. Ziehen + 30 Min. Garen – ca. 2 l

1 große Zwiebel // 2 Knoblauchzehen // 2 gelbe Rüben // ½ Bleichsellerie mit Grün // 50–100 g Champignons (evtl. nur Stiele) // 1–2 getrocknete Steinpilze (ca. 20 g) // 100 g Wirsing (ersatzweise Grünkohl oder Kohlrabiblätter) // je einige Stängel Petersilie und Liebstöckel (ersatzweise Selleriegrün) // 2 TL Salz // Pfeffer // Muskatblüte // 2 Lorbeerblätter

1 Zwiebel und Knoblauch schälen und fein hacken. Übriges Gemüse putzen, Kräuterblättchen abzupfen und zusammen mit Gemüse im Blitzhacker grob zerkleinern. Das Gemüse sollte nicht zu breiig werden.
2 Alles zusammen mit 2,5 l Wasser, Salz, Pfeffer, Muskatblüte und Lorbeerblättern zugedeckt über Nacht im Kühlschrank durchziehen lassen.
3 Am nächsten Tag die Brühe langsam zum Kochen bringen und ca. 30 Min. kochen lassen. Durch ein Sieb abgießen und abschmecken.

WÜRZIGE GEMÜSEBRÜHE

30 Min. + 1 Std. Garen – ca. 2 l

2 Zwiebeln // 1 Lauch (ca. 200 g) // 400 g Wurzelgemüse (Möhren, Knollensellerie, gelbe Rüben, Pastinake) // 2 reife Tomaten // 3 EL Rapsöl // 2 Lorbeerblätter // Pfefferkörner // 5 Wacholderbeeren // Saft einer ½ Zitrone // Kräutersalz

1 Zwiebeln ungeschält halbieren. Lauch putzen, der Länge nach aufschlitzen, waschen und in Ringe schneiden. Sonstiges Wurzelgemüse putzen und grob würfeln. Nur schälen, wenn es nötig ist. Tomaten vom Stielansatz befreien und grob würfeln.
2 Zwiebeln mit der Schnittseite im Suppentopf mit heißem Öl kurz anrösten, dann das übrige Gemüse bis auf die Tomaten zugeben und kräftig weiterbraten. Wenn es beginnt anzusetzen, mit 3 l kaltem Wasser angießen.
3 Alles aufkochen lassen, Tomaten und Gewürze zugeben und alles ca. 1 Std. köcheln lassen.
4 Fond vom Herd nehmen und noch ca. 5 Min. ziehen lassen, durch ein Sieb abgießen. Mit Zitronensaft und Salz abschmecken. Entweder heiß in sterilisierte Gläser füllen oder abkühlen lassen und portionsweise einfrieren.

DASHIBRÜHE
mit Miso

15 Min. – ca. 2 l

20 g getrockneter Kombu (Seetang, ca. 6 x 4 cm) // 20 g getrocknete Bonitoflocken // 3–4 EL Miso

1 Algen mit der Schere behutsam in breite Streifen schneiden, mit 1,5 l Wasser offen aufkochen. Dann Algen herausfischen.
2 500 ml Wasser zufügen, Fischflocken einrühren und erneut aufkochen. Vom Herd nehmen und warten, bis die Flocken sich setzen.
3 Die Brühe durch ein Sieb gießen. Eine Kelle Brühe abschöpfen, Miso darin anrühren und zur Dashibrühe geben. Nochmals erhitzen.

Neben den würzigen Aromen enthält die Brühe vor allem Jod, Fluor, Eisen und Zink aus Fisch und Algen. Miso ist reich an B-Vitaminen.

- Wichtig ist, dass man **die Algen** mit einem feuchten Tuch abtupft, dabei jedoch nicht die weiße Puderschicht entfernt. Gerade sie verleiht den besonderen Geschmack.

- **Für Vegetarier** sind getrocknete Shiitakepilze eine tolle Alternative für die Fischflocken. Einfach kurz einweichen und mit den Algen zusammen offen aufkochen.

ASIATISCHE GEWÜRZBRÜHE

15 Min. + 30 Min. Garen + 10 Min. Ziehen – ca. 2 l

1 großes Stück Ingwer (ca. 50 g) // 5 Knoblauchzehen // 1 rote Chilischote // 1 Stängel Zitronengras // 5–10 Limettenblätter // 1 TL Szechuanpfeffer // ½ TL Fenchelsamen // ½ TL Koriandersamen // 5–6 Nelken // 1 Zimtstange // 1 TL Salz // Sojasauce

1 Ingwer in dünne Scheiben schneiden. Knoblauch schälen und grob hacken. Chili längs halbieren, vom Stielansatz befreien. Zitronengras putzen und in kleine Stücke teilen.
2 Ca. 2,5 l Wasser mit allen vorbereiteten Zutaten, Gewürzen und Salz 30 Min. kochen lassen. Vom Herd nehmen und ziehen lassen. Abseihen und mit Sojasauce abschmecken.

Ingwer, Chili und Knoblauch sorgen mit ihren Scharfstoffen für gute Durchblutung und wärmen von innen. Fenchel, Koriander und Nelken regen die Verdauung an und helfen bei Übelkeit und Appetitlosigkeit.

FISCHFOND

30 Min. + ca. 40 Min. Garen – ca. 2 l

2 Tomaten // 1 Lauch // 2 Staudensellerie // 5 Knoblauchzehen // 1 Bio-Zitrone // ca. 1 kg gemischte Fischabfälle (bei der Fischtheke anfragen) // 2 Zweige Thymian // 2 Lorbeerblätter // Salz // weiße Pfefferkörner

1 Tomaten putzen und überbrühen. Schale und Kerne in einen großen Topf geben, das Fruchtfleisch anderweitig verwenden. Lauch putzen, der Länge nach aufschlitzen, waschen und in Ringe schneiden. Sellerie putzen und in dünne Scheiben schneiden. Knoblauch schälen. Die Zitrone heiß abwaschen und die Schale spiralig abschneiden.
2 Gräten abspülen und mit 2,5 l Wasser zu den Tomaten in den Topf geben. Vorbereitetes Gemüse, Zitronenschale, Thymian sowie Lorbeerblätter, Salz und Pfefferkörner zufügen. Alles langsam aufkochen.
3 Sobald sich Schaum bildet, nach Belieben abschöpfen. Wenn sich keiner mehr zeigt, 30 Min. bei geringer Hitze köcheln lassen, dann abseihen.

Je nach Fisch gehen gesunde Fette aus der Haut, vor allem die Mineralstoffe Jod und Fluor und natürlich Eiweiß und **Gelatine aus den Gräten** in den Fond über.

KRABBENBRÜHE *mit Tomate*

15 Min. + 50 Min. Garen – ca. 2 l

1 Zwiebel // 5 Knoblauchzehen // 1 Bund Suppengemüse (Lauch, Möhren, Knollensellerie) // 160 g Tomaten // 500 g Schalen und Reste von Krabben, Langusten etc. // 1 TL Pfefferkörner // 1 TL Fenchelsamen // 1 Sternanis // einige Pimentkörner // 1 EL Olivenöl // 2 cl Cognac // 2 Lorbeerblätter // Salz

1 Zwiebel und Knoblauch schälen, die Zwiebel grob hacken. Lauch putzen, der Länge nach aufschlitzen und waschen. Übriges Gemüse putzen, Sellerie schälen, Tomaten vom Stielansatz befreien und alles in grobe Würfel schneiden.
2 Schalen im Mörser grob zerdrücken und mit Pfeffer, Fenchel, Sternanis und Piment in heißem Öl kräftig anrösten. Mit Cognac ablöschen. Gemüse zugeben und kurz weiterbraten.
3 Wenn es droht anzusetzen, mit ca. 2,5 l kaltem Wasser ablöschen, Lorbeer und Salz zugeben, zum Kochen bringen, dabei den Schaum nach Bedarf abschöpfen. Dann die Brühe 45 Min. ruhig köcheln lassen. Anschließend abseihen.

Die rote **Schale von Krebstieren** enthält Karotin.

Mittelmeer- BOUILLON

10 Min. + 1 Std. Garen + 1 Std. Ziehen – ca. 2 l

2 Schalotten // 10 Knoblauchzehen // 1 rote Peperoni // 2–3 Zweige Thymian // 2–3 Zweige Rosmarin // 2–3 Stängel Salbei // 2 Lorbeerblätter // Salz // 1 kleines Stück durchwachsener Speck // 1 Bund Basilikum

1 Schalotten mit Schale halbieren. Knoblauch schälen. Peperoni längs halbieren, vom Stielansatz befreien, scharfes Inneres verwenden.

2 Schalotten mit ihren Schnittflächen ohne Fett in einer Pfanne braun rösten. Ca. 2,5 l Wasser in einem Topf mit den Schalotten und allen übrigen Zutaten außer Basilikum zum Kochen bringen und 1 Std. kochen lassen.

3 Brühe vom Herd nehmen, Basilikum zugeben und die Brühe geschlossen mind. 1 Std. ziehen lassen, dann abseihen.

Die **mitgekochten Kräuter** sind hitzestabil und geben ihre Wirkstoffe an die Brühe ab. Sie wirken allesamt (verdauungs-)anregend und magenstärkend. Der Knoblauch hat eine positive Wirkung auf die Blutgefäße. Je länger die Brühe zieht, desto besser die Wirkung.

○ **Vegetarier** können statt Speck getrocknete Steinpilze mitkochen. Mit Safran bekommt die Brühe eine ganz besondere Note.

HÜHNERBRÜHE

15 Min. + 1–2 ½ Std. Garen – ca. 2 l

1 kg Hühnerklein (ersatzweise 1 Suppenhuhn) // 1 Bund Suppengemüse (Lauch, Möhren, Knollensellerie, Petersilie) // 5 Stängel Petersilie (ca. 30 g) // 2 Lorbeerblätter // schwarze Pfefferkörner // Salz

1 Hühnerklein oder Huhn abspülen. Lauch putzen, der Länge nach aufschlitzen, waschen und in breite Ringe schneiden. Übriges Gemüse putzen, Sellerie schälen und beides in grobe Stücke schneiden. Petersilienstiele mit einem Faden zusammenbinden, Blättchen abzupfen und fein hacken.

2 Alles außer den Petersilienblättchen mit Lorbeer, Pfefferkörnern und 1 TL Salz in ca. 2,5 l kaltem Wasser aufsetzen, langsam zum Kochen bringen, dabei den Schaum nach Bedarf abschöpfen. Danach beim Hühnerklein ca. 1 Std. und beim Suppenhuhn 2 Std. leise köcheln lassen.

3 Brühe abseihen und mit Salz und Petersilie abschmecken.

Die **immunstärkende Wirkung** von Hühnerbrühe ist keine Legende, sondern wissenschaftlich nachgewiesen. Welche Substanzen dafür verantwortlich sind, weiß man bisher nicht. Trotzdem gilt bei Grippe und Erkältung: Hühnerbrühe!

FLEISCHBRÜHE

40 Min. + 1 ½–2 Std. Garen – ca. 2 l

1 kg Rinderbeinscheibe (ersatzweise Suppenfleisch) // Salz // 2 Zwiebeln // 4 Nelken // 1 Lauch (ca. 250 g) // 2–3 Möhren // 1 Knollensellerie (möglichst mit Grün) // 1 Petersilienwurzel (50–100 g) // 2 Lorbeerblätter // je 1 TL Piment- und Pfefferkörner // 2 Zweige Thymian

1 Das Fleisch abspülen und in einen großen Topf legen. 2,5 l kaltes Wasser aufgießen, salzen und langsam zum Kochen bringen. Dabei immer wieder abschäumen, bis die Suppe kocht und sich kein Schaum mehr bildet.
2 Zwiebeln schälen und die Nelken hineinstecken. Lauch putzen, der Länge nach aufschlitzen und waschen. Übriges Gemüse putzen, Sellerie schälen, das Grün abtrennen und alles mit Lauch in grobe Stücke schneiden.
3 Wenn die Suppe nicht mehr schäumt, Gemüse, Gewürze und Kräuter zugeben, wieder zum Kochen bringen und 1 ½–2 Std. kochen lassen.
4 Suppe durch ein feines Sieb oder Mulltuch abseihen und mit Salz abschmecken.

KRAFTBRÜHE

40 Min. + 2 Std. Garen – ca. 2 l

1 Bund Suppengemüse (Lauch, Möhren, Knollensellerie) // 1 Zwiebel // 2 EL Tomatenmark // 2 EL Rapsöl // 3 kg Rinderknochen // Salz // 2 Lorbeerblätter // 1 TL Pfefferkörner // 1 TL Pimentkörner // 100 ml milder Rotwein

1 Den Backofen auf 240 °C vorheizen. Lauch putzen, der Länge nach aufschlitzen und waschen. Übriges Gemüse putzen, Sellerie schälen und alles in gleichmäßige, grobe Stücke schneiden. Zwiebel schälen und grob würfeln.
2 Suppengemüse in eine große Schüssel geben und mit Tomatenmark und Öl gut durchmischen. Mit Knochen auf einem Blech verteilen, salzen und für ca. 15 Min. im Ofen rösten, bis es kräftig braun ist.
3 Alles zusammen mit den Gewürzen in einen Topf geben. Rotwein über das heiße Blech gießen und so den Bratensatz lösen und zufügen. 2,5 l Wasser zugießen und zum Kochen bringen. Nach Bedarf abschäumen, bis sich kein Schaum mehr bildet.
4 2 Std. simmern lassen, dabei den Deckel nicht ganz schließen. Dann abseihen und den Fond abschmecken.

KLAR UND ENERGIESPENDEND

PILZBRÜHE
mit Käse-Quinoa-Chips

50 Min. + 6 Std. Ziehen – 4 Portionen
8 kcal, 4 g F, 5 g KH, 1 g B, 6 g E

1 kg braune Champignons // Salz // Pfeffer // 2 Zweige Thymian // 25 g Quinoa gepufft // 50 g geriebener Parmesan // 1 Lorbeerblatt // 2 cl Sherry // Worcestersauce

1 Die Champignons putzen und mit einem Geschirrtuch abreiben. Zwei bis drei Pilze beiseitelegen, den Rest sehr fein hacken oder im Blitzhacker zerkleinern. Mit 1 TL Salz, Pfeffer und Thymian mischen, mit einem Tuch abdecken und mind. 6 Std. kühl ziehen lassen. Ab und zu umrühren.

2 Backofen auf 180 °C vorheizen. Quinoa mit Parmesan mischen. Ein Blech mit Backpapier auslegen. Mit einem Esslöffel kleine Häufchen des Quinoamix auf das Blech setzen. Im Ofen 10–15 Min. backen, bis der Käse verlaufen ist. Abkühlen lassen und in einer luftdichten Box bis zum Verzehr aufbewahren.

3 Den Pilzbrei samt Thymian mit Lorbeer, 500 ml Wasser oder Gemüsebrühe und Sherry ca. 30 Min. kochen. Dann durch ein Mulltuch gießen und dieses gut ausdrücken. Die Essenz mit Salz und Worcestersauce abschmecken. Die übrigen Pilze fein hobeln und darüberstreuen, mit den Quinoachips servieren.

Champignons sind reich an Sonnenvitamin D. Quinoa mit Parmesan liefert einen guten Eiweißmix. Belastet nicht und tut abends gut.

- Die **Pilzbrühe** lässt sich auch prima auf Vorrat kochen und einfrieren. Sie ist für Bratensaucen eine tolle Basis und gelingt auch mit Pilzabfällen. Keine Sorge: Der Pilzbrei färbt sich zwar schwarz, dabei entwickeln sich aber die Aromen.
- Die Essenz mit einem Löffel halbsteif geschlagener, **mit Sherry aromatisierter Sahne** servieren.

ROTE-BETE-BOUILLON
mit Blättern

45 Min. – 4 Portionen
46 kcal, 1 g F, 7 g KH, 3 g B, 3 g E

1 Zwiebel // 1 Bund Rote Bete mit Blättern (ca. 500 g) // 1 Bund Suppengemüse (Lauch, Möhren, Knollensellerie, Petersilie) // 1 EL Rapsöl // 5 Wacholderbeeren // 1 TL Kümmel // Salz // 1 Lorbeerblatt // 2 Nelken // Pfeffer // Abrieb und Saft von 1 Bio-Zitrone

1 Die Zwiebel mit Schale halbieren. Rote Bete waschen. Knollen grob würfeln, Stiele hacken, Blätter beiseitelegen. Lauch putzen, der Länge nach aufschlitzen und waschen. Übriges Gemüse putzen, Sellerie schälen. Suppengemüse klein schneiden.

2 Die Zwiebel mit den Schnittflächen nach unten auf den Topfboden legen. Topf erhitzen und die Zwiebel darin braun rösten. Öl, Rote-Bete-Würfel und -Stiele und übriges Gemüse zugeben und kurz mitrösten. Mit 750 ml Wasser ablöschen.

3 Wacholderbeeren und Kümmel im Mörser anstoßen, mit Salz, Lorbeer, Nelken und der Petersilie in den Sud geben und 30 Min. zugedeckt köcheln lassen.

4 Sud durch ein Sieb gießen und mit Salz, Pfeffer und etwas Zitronenschale und -saft abschmecken. Rote-Bete-Blätter in Streifen schneiden, in der Essenz heiß werden lassen und servieren.

Die **Rote-Bete-Blätter** enthalten viel mehr Vitamin C und Folsäure als die Knollen, die reich an Kalium sind – ein toller Fitmacher, der die Entwässerung anregt. Mit **Apfelessig oder Sauerkrautsaft** statt Zitrone regt die Essenz zusätzlich die Verdauung an. Schmeckt auch kalt. Wenn es keine Bete im Bund gibt, als Einlage Rucola, Radicchio oder Radieschenblätter nehmen.

ZWIEBELSUPPE
mit Sesamöl

30 Min. – 4 Portionen
mit Toast: 292 kcal, 16 g F, 27 g KH, 5 g B, 10 g E

400 g Zwiebeln // 1 Knoblauchzehe // 1 Bund Frühlingszwiebeln // 2 EL Sesamöl // 100 ml herber Cidre (ersatzweise Apfelsaft) // 700 ml Gemüsebrühe // 4 Pfefferkörner // 1 Lorbeerblatt // Salz // 4 Scheiben Vollkorntoast // 1 Ei // 6 EL Milch // 40 g geriebener Parmesan // 20 g Butter

1 Zwiebeln und Knoblauch schälen, Zwiebeln halbieren und in schmale Streifen schneiden, Knoblauch fein hacken. Frühlingszwiebeln putzen und in feine Ringe schneiden. Grünes beiseitelegen.
2 Das Sesamöl in einem Topf erhitzen, darin Zwiebelstreifen, Knoblauch und die weißen Frühlingszwiebelringe braun anbraten. Dann mit Cidre und Brühe ablöschen und die Gewürze und Salz zufügen. Alles 5–10 Min. köcheln lassen, bis die Zwiebeln gar sind. Dann die grünen Zwiebelringe zugeben und nur noch ziehen lassen.
3 Inzwischen die Toastscheiben diagonal halbieren. Ei mit Milch verquirlen. Die Toastscheiben darin einweichen, dann in Parmesan wälzen. Butter schmelzen und die Brotscheiben darin von beiden Seiten anbraten. Zur Suppe reichen.

Die **Senföle der Zwiebel** treiben uns die Tränen in die Augen, regen gleichzeitig aber auch unsere inneren Schleimhäute und Verdauungsorgane an. Sie verbessern den Blutfettspiegel und Blutdruck und helfen, nach Schlemmertagen wieder ins Gleichgewicht zu kommen.

○ **Ganz klassisch** wird's mit Weißwein statt Cidre und schmeckt natürlich auch mit Lauch statt Zwiebeln. Kenner schöpfen die Suppe über die Toasts.

ZITRONENBRÜHE
mit Artischocken

40 Min. – 4 Portionen
119 kcal, 5 g F, 8 g KH, 25 g B, 7 g E

2 Zwiebeln // 1 Knoblauchzehe // 2 Bio-Zitronen // 1–2 Stängel Zitronengras // 1 EL Sesamöl // 750 ml Gemüsebrühe // 2 Stängel Zitronenmelisse + einige Blättchen zum Garnieren // Salz // Pfeffer // 8 Artischockenherzen im Sud (Dose, 1 Artischocke à ca. 60 g)

1 Zwiebeln und Knoblauch schälen und grob würfeln. Die Zitronen heiß abwaschen und trocken tupfen. Aus der Mitte jeweils zwei dünne Scheiben herausschneiden, halbieren und beiseitelegen. Die Enden auspressen. Zitronengras putzen.

2 Das Öl in einem Topf erhitzen. Zwiebeln und Knoblauch darin anschwitzen. Mit der Brühe ablöschen und die ausgepressten Zitronenhälften und Zitronengras zufügen. Alles 30 Min. kochen, Zitronenmelisse kurz darin ziehen lassen, dann abseihen.

3 Die Brühe mit Zitronensaft, Salz, Pfeffer und etwas Artischockensud abschmecken. Die Artischocken und Zitronenscheiben in der Brühe heiß werden lassen. Mit Zitronenmelisse garniert servieren.

Diese Brühe ist trotz Säure basenbildend! Die Artischocken liefern uns außerdem eine Menge wichtiger Mineralstoffe wie Eisen, Kalzium und Magnesium. Ihre Bitterstoffe stärken die Galle.

○ Wenn Sie **frische Artischockenherzen** auf dem Markt bekommen, mit den Zwiebeln mitkochen, herausfischen und danach einlegen. Schmeckt auch mit eingelegten, in dicke Scheiben geschnittenen Palmherzen. Exotisch wird es mit Limetten und Limettenblättern.

SELLERIEBOUILLON
mit ausgebackenen Sellerieblättern

50 Min. + Ziehen über Nacht – 4 Portionen
87 kcal, 5 g F, 5 g KH, 6 g B, 5 g E

1 Staudensellerie mit vielen Blättern (ca. 750 g) // 1 Knollensellerie (ca. 500 g) // Salz // 2 Lorbeerblätter // 1 Stängel Liebstöckel // 1 Zwiebel // 1 EL Rapsöl + etwas zum Ausbacken // 1 EL Tomatenmark // Pfeffer // 1 Ei // 1 EL Kichererbsenmehl // 1 TL gemahlene Kurkuma

1 Sellerie putzen, Knollensellerie schälen. Vom Staudensellerie das Grün abtrennen und zusammen mit drei Stangen beiseitelegen. Übrigen Staudensellerie und Knollensellerie mit der Küchenmaschine grob raspeln. Raspel mit 1 TL Salz, Lorbeer und Liebstöckel vermengen. Mit 500 ml Wasser mischen und zugedeckt über Nacht durchziehen lassen.

2 Zwiebel schälen und würfeln. In Öl zusammen mit dem Tomatenmark anrösten. Sellerieraspel abgießen, den Sud auffangen. Raspel mit Lorbeer und Liebstöckel zur Zwiebel geben und 5 Min. mit anschwitzen. Mit dem Sud ablöschen, mit 300 ml Wasser auffüllen und 30 Min. köcheln lassen. Durch ein Sieb gießen und mit Salz und Pfeffer abschmecken.

3 Inzwischen das Ei mit Kichererbsenmehl und Kurkuma zu einem dickflüssigen Teig verrühren, leicht salzen. In einem kleinen Topf fingerbreit Öl sehr heiß werden lassen. Die Sellerieblätter durch den Teig ziehen und im heißen Öl ausbacken. Auf einem Küchentuch abtropfen lassen.

4 Übrigen Staudensellerie in dünne Scheiben schneiden und in der klaren Brühe in ca. 5 Min. garen. Die Suppe mit den Blättern servieren.

Sellerie ist mit seinen Wirkstoffen, die die Entgiftungsorgane anregen, das klassische Fastengemüse. Die Knolle ist kalziumreich, die Blätter noch mehr. Deshalb wenn möglich beides verwenden.

○ Zur Not klappt es auch mit **nur einer Selleriesorte**. Statt ausgebackener Blätter passen auch Backerbsen oder geröstete Kichererbsen (s. Seite 162).

Do it yourself – INSTANT–SUPPEN!

Frische Zutaten lassen sich prima in Schraubgläser schichten und mitnehmen. Vor dem Verzehr einfach mit heißer Brühe aufgießen und genießen! Die Mengenangaben beziehen sich auf 1 Portion.

Und so geht's:

1 Die vorbereiteten Zutaten in der Reihenfolge von links nach rechts, mit Ausnahme der Brühe, in ein hitzebeständiges Schraubglas (Inhalt ca. 500 ml) einschichten und verschließen.

1 – Zum Sattwerden

50 g (roh) bzw. 100 g (gegart)

Mienudeln, roh oder gegart
—
Reis, gegart
—
Couscous, roh
—
Kartoffeln, gegart
—
Kürbis, gegart
—
Süßkartoffeln, gegart
—
Quinoa, gegart
—
Sobanudeln, gegart
—
Glasnudeln, roh

oder 200 g

Kartoffeln, gegart
—
Kürbis, gegart

2 – Knackiges Gemüse

100–150 g

Möhren, geraspelt oder in Spiralen
—
Staudensellerie, in dünnen Scheiben
—
Tomaten, in Würfeln
—
Champignons, in dünnen Scheiben
—
Rote Bete, gegart in Würfeln
—
Rettich, in Spiralen
—
Rot- oder Weißkohl, geraspelt
—
Spitzkohl, gehobelt oder fein geschnitten
—
Zucchini, geraspelt oder in Spiralen
—
Paprika, fein gewürfelt
—
Erbsen, frisch oder TK

3 – Noch ein bisschen Eiweiß

50 g

Gebratene Hähnchenbrust, in Streifen
—
Roastbeef in Streifen
—
Ei, hart gekocht, gehackt
—
Omelette, in Streifen
—
Kichererbsen, gegart oder aus der Dose
—
Weiße oder rote Bohnen, gegart oder aus der Dose
—
Linsen, gegart
—
Mozzarella, gewürfelt
—
Feta, gewürfelt
—
Parmesan, gerieben oder in Spähnen

4

Für den besonderen Geschmack

½–1 TL

- Tahin
- Erdnussbutter
- Gemahlener Kreuzkümmel
- Gemahlener Koriander
- Chiliflocken
- Sojasauce
- Currypaste
- Zitrone oder Limette, in Spalten
- Garam Masala
- Kokosöl
- Frischer Ingwer, gehackt
- Schwarzkümmel
- Pesto

5

Kräuter und Grünes

1 Handvoll

- Frühlingszwiebeln, in Ringen
- Koriander, gehackt
- Schnittlauchröllchen
- Selleriegrün, gehackt
- Babyspinat
- Kresse
- Sprossen
- Petersilie, gehackt
- Dill, gehackt
- Rucola, gehackt
- Bärlauch, gehackt

6

Kalorienreiche Extras

ca. 1 EL

- Erdnüsse, ganz oder gehackt
- Sesamsamen
- Mandelblättchen
- Getrocknete Tomaten, in Streifen
- Oliven, in Ringen
- Buchweizen, geröstet
- Avocado, gewürfelt

7

Brühe zum Übergießen

300–400 ml

- Gemüsebrühe
- Fleischbrühe
- Hühnerbrühe
- Fischbrühe
- Gewürzbrühe
- Pilzbrühe
- Dashibrühe
- Krabbenbrühe
- Kraftbrühe
- Heißes Wasser

2 Bis zum Verzehr in den Kühlschrank stellen.

3 Die Brühe erhitzen und über die Zutaten in das Glas gießen. Umrühren und kurz ziehen lassen. Schon ist ein leichtes Mittagessen fertig – ideal für unterwegs.

ENTENBOUILLON
mit Sternanis und Süßkartoffeln

30 Min. + 1 Std. Kochen – 4 Portionen
352 kcal, 19 g F, 25 g KH, 5 g B, 14 g E

1–2 Karkassen vom Entenbraten // 1 Bund Suppengemüse (Lauch, Möhren, Knollensellerie) // 30 g Entenschmalz (ersatzweise Gänseschmalz) // 1 Lorbeerblatt // 1 Nelke // 2 Sternanis // 150 ml Rotwein // 750 ml Hühnerbrühe // 300 g Süßkartoffeln // 1 Prise Zucker // Worcestersauce // Szechuanpfeffer

1 Karkassen und evtl. vorhandene Fleischreste grob zerteilen. Lauch putzen, der Länge nach aufschlitzen und waschen. Übriges Gemüse putzen, Sellerie schälen. Suppengemüse in grobe Stücke schneiden.

2 Alles zusammen in Schmalz anrösten, Gewürze zugeben und mit Wein und Brühe aufkochen. Ca. 1 Std. leise kochen lassen.

3 Brühe durch ein Sieb gießen. Süßkartoffeln schälen und in dünne Scheiben schneiden. In die Brühe einlegen und ca. 8 Min. kochen, bis sie weich sind. Mit Zucker, Worcestersauce und Szechuanpfeffer würzen.

○ Schmeckt natürlich ebenso gut mit Resten von Gans oder Pute.

PROVENCE-BOUILLON
mit Frittata

20 Min. – 4 Portionen
257 kcal, 23 g F, 4 g KH, 1 g B, 10 g E

1 Zwiebel // 1 Knoblauchzehe // 1 Zweig Rosmarin // 3 getrocknete Tomaten // 1 Bund Basilikum // 50 g schwarze Oliven // 2–3 EL Olivenöl // 4 Eier // Salz // Pul Biber (türkische Gewürzmischung) // ca. 1 l Mittelmeer-Bouillon (s. Seite 25, ersatzweise Gemüsebrühe) // 2–3 TL Pesto

1 Zwiebel und Knoblauch schälen. Zwiebel fein würfeln, Knoblauch hacken. Rosmarinnadeln abstreifen und mit Tomaten fein hacken. Basilikumblätter abzupfen, in Streifen schneiden. Oliven entkernen, dabei grob hacken.

2 Zwiebel in 1 EL Öl glasig dünsten, abkühlen lassen. Inzwischen die Eier verquirlen und mit den übrigen vorbereiteten Zutaten mischen, mit Salz und Pul Biber würzen. Zum Schluss die abgekühlte Zwiebel unterziehen.

3 In einer beschichteten mittelgroßen Pfanne mit 26 cm Durchmesser 1 EL Öl erhitzen und die Eiermasse darin verteilen. Zugedeckt bei geringer Hitze ca. 7 Min. stocken lassen, bis die Frittata fest ist. Dann wenden, wenn nötig noch 1 EL Öl zugeben und in ca. 3 Min. fertig backen.

4 Frittata in mundgerechte Rauten schneiden. Brühe erhitzen, mit Pesto abschmecken und die Frittata-Rauten einlegen.

Oliven können den Cholesterinspiegel senken und den Blutzuckerspiegel ausgleichen. **Grüne Oliven sind kalorienärmer,** haben aber auch weniger wertvolle Inhaltsstoffe, weil sie unreif geerntet werden. Das gilt auch für schwarz gefärbte Oliven, die eigentlich grün sind.

O Die **Frittata** schmeckt auch in Fleisch- oder Kraftbrühe. In die Eimasse lassen sich Gemüsereste aller Art einbacken: Zucchinistreifen, Erbsen, Bohnen oder Möhren.

OCHSEN-SCHWANZSUPPE

30 Min. + 2 Std. Kochen – 4 Portionen
343 kcal, 24 g F, 3 g KH, 3 g B, 25 g E

1 Bund Suppengemüse (Lauch, Möhren, Knollensellerie, Petersilie) // 1 Zwiebel // 750 g Ochsenschwanz in Scheiben // 1–2 EL Tomatenmark // 200 ml Rotwein // je 3 Nelken, Pfeffer- und Pimentkörner // Salz // 2 EL getrocknete Pilze // 1 EL Johannisbrotkernmehl

1 Gemüse putzen, ggf. schälen und grob würfeln. Petersilie grob hacken. Zwiebel schälen und vierteln.
2 Ochsenschwanz in einem weiten Topf mit Tomatenmark rundherum kräftig anbraten, bis er bräunt. Suppengemüse, Petersilie und Zwiebel zugeben und kurz mitrösten. Mit Wein ablöschen. 800 ml Wasser angießen und aufkochen. Gewürze im Mörser anstoßen, mit Salz und Pilzen zugeben und alles 2 Std. (im Schnellkochtopf 1 Std.) leise kochen lassen, wenn nötig abschäumen.
3 Brühe durch ein Sieb in Topf abgießen. Johannisbrotkernmehl mit etwas Brühe anrühren, in die übrige Brühe quirlen und leicht kochen lassen. Fleisch auslösen, in die Suppe geben und abschmecken.

JAPANISCHE NUDELSUPPE

25 Min. – 4 Portionen
337 kcal, 7 g F, 49 g KH, 12 g B, 19 g E

200 g Möhren // ca. 300 g Pak Choi // 4 Frühlingszwiebeln // 200 g Tofu // 150 g Soba-Nudeln (jap. Buchweizennudeln) // Salz // 1 Bund Koriander // ca. 800 ml Dashibrühe mit Miso (s. Seite 20) // Sojasauce // Pfeffer

1 Gemüse putzen. Möhren stifteln, Pak Choi quer in fingerdicke Streifen schneiden, Zwiebeln in Ringe schneiden.
2 Tofu würfeln. Nudeln in gesalzenem Wasser nach Packungsanleitung garen, abgießen und kalt abbrausen. Korianderblättchen abzupfen.
3 Möhren in der Brühe ca. 5 Min. garen. Pak Choi und Zwiebeln zugeben und 2 Min. köcheln lassen.
4 Tofu zufügen. Mit Sojasauce und Pfeffer würzen. Nudeln in Schalen geben und mit heißer Suppe übergießen. Koriander darüberstreuen.

Buchweizen enthält viel wertvolles Eiweiß und neben Kalzium, Eisen, Kalium und Magnesium auch Kieselsäure, die Haut und Haar guttut. Wärmt ohne zu belasten.

THAI-HÜHNERSUPPE

20 Min. – 4 Portionen
120 kcal, 2 g F, 5 g KH, 2 g B, 19 g E

1 Bund Koriander // 1 Stück Ingwer (3 cm) // 5 Limettenblätter // 400 ml Hühnerbrühe // 1 rote Chilischote // 300 g Hähnchenbrust // 1 Dose Kokosmilch (400 ml) // 1 Prise Rohrzucker // Limettensaft // 2–3 EL Fischsauce

1 Korianderblätter abzupfen und beiseitelegen. Ingwer schälen und fein hacken. Korianderstiele zusammenbinden und mit Limettenblättern und Ingwer in der Hühnerbrühe aufkochen und 10 Min. köcheln lassen.

2 Inzwischen Chili vom Stielansatz befreien, längs halbieren, Kerne entfernen und in Streifen schneiden. Das Fleisch abspülen, trocken tupfen und in feine Scheiben schneiden. Chili mit Kokosmilch unter Rühren zur Brühe geben und bei niedriger Temperatur nur warm werden lassen, nicht kochen. Stiele und Blätter wieder entfernen.

3 Fleisch zufügen und ca. 5 Min. in der Suppe gar ziehen lassen. Mit Zucker, Limettensaft und Fischsauce würzen und mit Koriander bestreut servieren.

Die wohltuende Wirkung der Hühnerbrühe wird durch viel Eiweiß aus Huhn und Kokos ergänzt. Die Laurinsäure im Kokosfett soll antibakteriell wirken. Toll zum Fitwerden bei einer Erkältung oder Grippe!

○ **Wer mehr Einlage möchte,** kann Pilze, dünne Lauchringe oder Pak Choi sowie Glasnudeln am Ende zur fertigen Suppe geben und einmal kurz aufkochen lassen.

ROH GEMIXT UND KALT SERVIERT

TOMATEN-PAPRIKA-SUPPE

15 Min. + 10 Min. Quellen – 2 Portionen
285 kcal, 21 g F, 18 g KH, 11 g B, 6 g E

1 rote Paprikaschote (ca. 200 g) // 250 g Tomaten // 50 g getrocknete Tomaten (in Öl), davon 2 TL Tomatenöl // 1 EL Chia-Samen // Salz // 1 TL Ahornsirup // Pul Biber (türkische Gewürzmischung) // 1 schnittfeste Avocado // 2 EL Zitronensaft // Pfeffer

1 Paprika putzen, von Samen und Scheidewänden befreien und grob würfeln. Tomaten vom Stielansatz befreien und in Stücke schneiden. Getrocknete Tomaten grob hacken.
2 Vorbereitete Zutaten mit Tomatenöl, Chia-Samen und 200 ml Wasser pürieren. Mit Salz, Sirup und Pul Biber würzen und 10 Min. quellen lassen.
3 Inzwischen das Avocadofruchtfleisch aus der Schale lösen, in kleine Würfel schneiden, mit Zitronensaft beträufeln, salzen und pfeffern. Zur Suppe reichen.

Mit viel **immunstärkendem Vitamin C** der Paprika und den zahlreichen Mineralstoffen der Power-Körnchen hält diese Suppe Erkältungen fern. Nicht umsonst ist „Chia" das Maya-Wort für Kraft und Stärke.

Coole GURKEN-MINZ-SUPPE

10 Min. + 1 Std. Kaltstellen – 2 Portionen
126 kcal, 7 g F, 10 g KH, 5 g B, 5 g E

1–2 Salatgurken (ca. 500 g) // ½ Avocado // 1 Bund Minze // einige Stängel Schnittlauch // 1 Stück Ingwer (ca. 2 cm) // Salz // Pfeffer // 1–2 EL Zitronensaft // 100 g Joghurt // Chiliflocken

1 Gurken putzen, schälen, längs halbieren und die Kerne herauslösen, dann in grobe Stücke schneiden. Avocadofruchtfleisch aus der Schale lösen. Minze und Schnittlauch nur grob zerkleinern und etwas für die Garnitur beiseitelegen. Ingwer schälen und durch eine Knoblauchpresse drücken.
2 Alles in einen Mixer geben und mit 50–100 ml kaltem Wasser pürieren. Mit Salz, Pfeffer und Zitronensaft kräftig würzen. Joghurt unterziehen und die Creme abgedeckt ca. 1 Std. kalt stellen.
3 Mit Chiliflocken und Kräutern bestreuen und direkt aus dem Kühlschrank servieren.

Das **Menthol der Minze** wirkt kühlend und unterstützt die erfrischende Wirkung dieser kalten Suppe. Im Nu werden Ihre Flüssigkeitsspeicher wieder aufgefüllt. Das hilft, konzentriert zu bleiben.

SPINATSUPPE
mit Lachs

20 Min. – 2 Portionen
311 kcal, 18 g F, 13 g KH, 6 g B, 22 g E

300 g Blattspinat (frisch oder TK) // 100 g Erbsen (frisch ausgepalt oder TK) // 1 Knoblauchzehe // 3 EL Tahin // Salz // Muskat // 1 Bio-Limette // 1–2 Frühlingszwiebeln // 100 g Lachs // Pfeffer // gemahlener Koriander // 2 EL Sesamsamen

1 Tiefgekühltes Gemüse auftauen lassen. Frisches Gemüse waschen. Knoblauch schälen. Gemüse mit 200 ml Wasser und Tahin in einen Mixer geben, Knoblauch dazupressen und cremig pürieren. Mit Salz und Muskat würzen.
2 Limette heiß abwaschen, trocken tupfen, Schale oberflächlich abreiben, Saft auspressen. Frühlingszwiebeln putzen und mitsamt dem Grün in feine Ringe schneiden. Lachs abspülen, trocken tupfen und zu feinem Tatar hacken. Mit Limettenschale und -saft, Zwiebelringen, Pfeffer, Koriander und Salz würzen.
3 Suppe mit Lachseinlage und mit je 1 EL Sesam bestreut servieren.

Spinat ist ein Top-Eisen-Lieferant und so vor allem für Vegetarier wichtig. Roh und in Kombination mit dem Vitamin C aus der Limette ist es besser verwertbar.

ZWEIERLEI RADIESCHENSUPPE

10 Min. – 2 Portionen
227 kcal, 15 g F, 6 g KH, 3 g B, 16 g E

2 Bund Radieschen mit Grün (ca. 200 g) // 1 Knoblauchzehe // 150 g Hüttenkäse (20 % Fett) // 1 EL geriebener Meerrettich (frisch oder Glas) // Salz // Pfeffer // 30 g Kürbiskerne // 1 EL Kürbiskernöl

1 Radieschen putzen, Knollen und Blätter waschen, Grün abtrennen, Knollen grob zerteilen. Knoblauch schälen.
2 Knollen mit Hüttenkäse und Meerrettich pürieren, evtl. etwas Wasser zufügen und mit Salz und Pfeffer würzen.
3 Radieschengrün mit Kürbiskernen, Knoblauch, Öl, Salz und Pfeffer pürieren, evtl. etwas Wasser zugeben.
4 Beide Cremes getrennt servieren und erst in der Suppenschale mischen.

Radieschen sind mit ihren Senfölen in den Knollen und dem Chlorophyll in den Blättern kleine Detox-Stars. Sie regen Galle und Leber an. In den Blättern steckt außerdem eine ordentliche Vitamin-C-Spritze für die Abwehr.

○ **Die schönsten Blätter** haben oft Radieschen vom Markt. Trennen Sie sie nach dem Einkaufen direkt ab und bewahren sie getrennt von den Knollen auf. Sonst werden diese schnell schlapp.

KRÄUTER-SCHAUMSUPPE
auf Kichererbsenbasis

15 Min. – 2 Portionen
204 kcal, 13 g F, 14 g KH, 4 g B, 8 g E

2 Bund Kräuter (z. B. Basilikum, Sauerampfer, Petersilie, ca. 60 g) // 130 g Kichererbsen (½ Dose) // 80 ml Kichererbsen-Sud // ½ Zitrone // 200 ml Gemüsebrühe // 100 ml Kokosmilch // 20 g Sesamsamen // Salz // Pfeffer

1 Kräuterblättchen abzupfen, einige für die Garnitur beiseitelegen, den Rest grob hacken. Kichererbsen in einem Sieb abtropfen lassen, Sud dabei auffangen. Zitronensaft auspressen.
2 Gemüsebrühe und Kokosmilch mit Kräutern, Kichererbsen und Zitronensaft mischen und cremig pürieren. Sesam unterrühren und mit Salz und Pfeffer würzen.
3 Kichererbsen-Sud mit einer Prise Salz steif schlagen und unter die Kräutersuppe ziehen. Auf Wunsch mit Kräutern garnieren.

Kräuter sind voller Mineralstoffe und Vitamine. Dazu punktet ihr grüner Farbstoff Chlorophyll mit viel reinigender Detox-Kraft.

AVOCADO-SAMTSUPPE
mit Salsa

20 Min. – 2 Portionen
309 kcal, 22 g F, 18 g KH, 7 g B, 9 g E

1 Bio-Limette // 2 kleine Avocados (ca. 250 g Fruchtfleisch) // 300 ml Buttermilch // Salz // Pfeffer // 2 Schalotten // 100 g Tomaten // ½ Bund Minze // 1 EL Olivenöl // 1 TL Rohrohrzucker

1 Limette heiß abwaschen, trocken tupfen, Schale abreiben, Saft auspressen. Avocadofruchtfleisch aus der Schale lösen und mit Limettensaft und Buttermilch pürieren. Mit Salz und Pfeffer würzen, dann abdeckt kalt stellen.
2 Schalotten schälen und fein hacken. Tomaten vom Stielansatz befreien und klein würfeln. Minzblättchen abzupfen und hacken. Alles miteinander vermengen und mit Limettenschale, Öl, Zucker, Salz und Pfeffer zu einer Salsa anrühren.
3 Suppe auf zwei Teller verteilen und mit einem Klecks Tomatensalsa servieren.

Die fettreiche Avocado sorgt nicht nur für den cremig-samtigen Wohlfühlgeschmack, ihre Fettsäuren sind dazu richtig gesund. Sie enthält nämlich fast ausschließlich ungesättigte Fettsäuren.

GAZPACHO

30 Min. – 2 Portionen
336 kcal, 22 g F, 25 g KH, 9 g B, 9 g E

1 Zwiebel // 1 Knoblauchzehe // 30 g Walnüsse // 1 EL Rapsöl // 1 Dose stückige Tomaten (ca. 400 g) // ½ Salatgurke // 2 Tomaten (100 g) // 1 rote Paprikaschote // Zitronensaft // Tabasco // Salz // Pfeffer // ¼ Fladenbrot // 1 EL Butter // 2 EL gehackte Petersilie

1 Zwiebel und Knoblauch schälen und fein würfeln. Walnüsse grob hacken. Zwiebel in heißem Öl glasig anschwitzen, dann Knoblauch und Walnüsse zufügen und ca. 5 Min. goldgelb rösten. Stückige Tomaten zugeben und 5 Min. dick einkochen, dann abkühlen lassen.

2 Gemüse putzen, Paprika von Samen und Scheidewänden befreien. Jeweils die eine Hälfte des Gemüses in Würfel schneiden, die andere Hälfte nur grob zerteilen und zur Suppe geben. Diese pürieren, mit Zitronensaft, Tabasco, Salz und Pfeffer würzen. Gemüsewürfel zufügen und abgedeckt kalt stellen.

3 Fladenbrot in Würfel schneiden und mit Butter in der Pfanne rösten. Eiskalte Suppe mit Brotwürfeln und Petersilie garnieren.

Erfrischend, leicht und bekömmlich – Gazpacho ist im Sommer eine ideale Möglichkeit, reichlich rohes Gemüse aufzunehmen und so die hitzeempfindlichen Inhaltsstoffe zu schonen. Manche Inhaltsstoffe sind aber besser gegart verfügbar. Deshalb wird bei dieser Variante ein Teil der Tomaten gekocht, um Zellschutz-Booster Lykopin besser für den Körper nutzbar zu machen.

○ **Statt mit Tabasco** können Sie die Suppe auch mit Pesto verfeinern und Oliven statt Walnüsse verwenden.

KALTE TOMATENBOUILLON
mit Parmesanchips

25 Min. + 3 Std. Ziehen – 2 Portionen
111 kcal, 7 g F, 3 g KH, 0 g B, 10 g E

350 g Tomaten // 150 g getrocknete Tomaten // 3 Zweige Thymian // 400 ml Gemüsebrühe // Salz // Pfeffer // 50 g Parmesan // 1 Handvoll Basilikum // 2 EL dunkler Balsamicoessig

1 Tomaten vom Stielansatz befreien und mit getrockneten Tomaten in kleine Stücke hacken. Thymianblättchen abzupfen und hacken.

2 Tomaten in die Gemüsebrühe geben. Mit Salz, Pfeffer und Thymian würzen und mind. 3 Std. (am besten über Nacht) ziehen lassen.

3 Inzwischen den Ofen auf 180 °C vorheizen und ein Blech mit Backpapier auslegen. Parmesan fein reiben. Mit einem Teelöffel kleine Parmesanhäufchen mit ausreichend Abstand auf das Blech setzen. Im Ofen 6–8 Min. goldgelb backen, abkühlen lassen.

4 Basilikumblätter grob hacken. Suppe durch ein Sieb abgießen. Mit Balsamico abschmecken, Basilikum einrühren und Parmesanchips dazureichen.

Durch den kalten Ansatz, **das Mazerieren,** gehen nicht nur die Aromen der Tomate in die Suppe über, sondern auch die wasserlöslichen Vitamine Folsäure und Biotin, die beim Kochen teilweise zerstört werden. Je länger der Ansatz steht, desto intensiver der Geschmack und desto größer die Vitaminausbeute.

ZUCCHINI-BASILIKUM-CREME

15 Min. – 2 Portionen
164 kcal, 10 g F, 6 g KH, 3 g B, 12 g E

30 g Kürbiskerne // 300 g Zucchini // 1 Bund Basilikum // 50 g Ziegenfrischkäse // 300 ml Gemüsebrühe // Salz // Pfeffer

1 Kürbiskerne ohne Fett in der Pfanne rösten, bis sie duften. Zucchini putzen und in grobe Stücke schneiden. Basilikumblätter abzupfen.
2 Die Hälfte der Kürbiskerne, Zucchini, Basilikum und Frischkäse in den Mixer geben. Mit 100 ml Gemüsebrühe pürieren.
3 Übrige Gemüsebrühe zufügen und noch einmal kräftig durchmixen. Mit Salz und Pfeffer würzen und mit den restlichen Kürbiskernen bestreut servieren.

Kernige Kraft: Kürbiskerne sind reich an B-Vitaminen und Vitamin E. Zudem strotzen sie vor gesunden ungesättigten Fettsäuren, Eisen, Zink und Magnesium. Das gibt Power an stressigen Tagen.

Kalte KARTOFFEL-LAUCH-CREMESUPPE (*Vichyssoise*)

40 Min. + 3 Std. Kaltstellen – 2 Portionen
296 kcal, 19 g F, 16 g KH, 5 g B, 14 g E

1 Lauch // 125 g Kartoffeln (mehligkochend) // 30 g Rucola // 500 ml Gemüsebrühe // 2 EL Sahne // Salz // Pfeffer // Muskat // 30 g Pinienkerne // 60 g Feta

1 Lauch putzen, der Länge nach aufschlitzen und waschen, dann samt Grün in Ringe schneiden. Kartoffeln putzen, schälen und würfeln. Rucola putzen und in 1 cm große Stücke schneiden.
2 Brühe aufkochen, Lauch und Kartoffeln darin ca. 30 Min. garen. Rucola nach 20 Min. zugeben. Sobald die Kartoffeln zerfallen, die Suppe durch ein Sieb passieren, Sahne zufügen, mit Salz, Pfeffer und Muskat würzen und abgedeckt ca. 3 Std. kalt stellen.
3 Pinienkerne in einer Pfanne ohne Fett goldbraun rösten. Feta zerbröseln und mit Pinienkernen auf die Suppe streuen.

Die **französische Vichyssoise** ist leicht und trotzdem angenehm sättigend, denn durch die Kombination von Kartoffeln und Milchprodukten liefert sie hochwertiges Eiweiß.

GEKÜHLTE SALATCREME
mit Hähnchenspießen

25 Min. – 2 Portionen
312 kcal, 8 g F, 23 g KH, 4 g B, 34 g E

40 g Wildreis // Salz // ½ Bio-Zitrone // ca. 400 g gemischter grüner Salat // 200 ml Buttermilch // 200 g Hähnchenbrustfilet // 1 EL Olivenöl // Pfeffer // 1 TL Koriandersamen // 50 ml Sprudelwasser

1 Reis in 150 ml gesalzenes Wasser geben, 20 Min. garen.
2 Zitrone heiß abwaschen, trocken tupfen, Schale abreiben und Saft auspressen. Salat putzen und grob zerpflücken. Mit Buttermilch, Zitronenschale und -saft pürieren und abgedeckt kalt stellen.
3 Fleisch abspülen, trocken tupfen, in Streifen schneiden und im Zickzack auf die Spieße ziehen. Öl in einer Pfanne erhitzen, Spieße anbraten. Mit Salz, Pfeffer und Koriander bestreuen und ca. 5 Min. bei geringer Hitze rundherum gar braten.
4 Reis abgießen und in einem Sieb kalt abbrausen. Sprudelwasser zur Suppe geben und alles zusammen abschmecken, Reis in die Suppe streuen und Spieße dazureichen.

KALTE KRAFTBRÜHE
mit Kräutersorbet

10 Min. + mind. 3 Std. Gefrieren – 2 Portionen
73 kcal, 1 g F, 12 g KH, 4 g B, 4 g E

1 Bio-Zitrone // 150 g Salatgurke // 1 Bund Basilikum // 1 Bund Rucola (ersatzweise Petersilie oder Spinat) // 40 g Isomaltulose (ersatzweise Zucker) // Salz // Pfeffer // 400 ml Kraftbrühe (s. Seite 26), gekühlt

1 Zitrone heiß abwaschen, trocken tupfen, Schale abreiben und Saft auspressen. Gurke putzen, in grobe Stücke schneiden.
2 Im Blitzhacker Zitronenschale und -saft, Gurke, Basilikum und Rucola mit Stielen mit Isomaltulose zu einer cremigen Masse verarbeiten, bis sich der Zucker gelöst hat. Mit einer Prise Salz und Pfeffer würzen. Für 3–4 Std. einfrieren. Dabei in 30-Minuten-Abständen die Masse pürieren, um eine Eiskristallbildung zu vermeiden.
3 Inzwischen Fett der kalten Brühe abheben. Die Brühe mit Salz und Pfeffer abschmecken und in zwei Schalen füllen. Sorbetnockerl zugeben und sofort servieren.

Isomaltulose hat zwar genauso viele Kalorien wie Zucker, lässt dabei aber den Blutzuckerspiegel viel langsamer ansteigen.

MANDEL-HONIG-SUPPE
mit Himbeerpüree

30 Min. – 2 Portionen
261 kcal, 14 g F, 25 g KH, 6 g B, 8 g E

50 g ganze Mandeln // 1–2 EL Honig // 30 g Perlgraupen // Mark von einer ½ Vanilleschote // 125 g Himbeeren // 1 TL Zucker

1 Mandeln in einer Pfanne ohne Fett rösten. Kurz abkühlen lassen, einige grob hacken und für die Garnitur beiseitelegen. Übrige Mandeln mit 100 ml Wasser und Honig pürieren.
2 Perlgraupen in 300 ml heißem Wasser mit Mandelpüree und Vanillemark ca. 20–25 Min. zugedeckt glasig garen, dann abkühlen lassen.
3 Inzwischen Himbeeren waschen und verlesen, einige in Stücke schneiden und zum Verzieren beiseitelegen. Restliche Himbeeren mit Zucker cremig pürieren und durch ein Sieb passieren. Lauwarme Graupengrütze übergossen mit Himbeerpüree und mit Mandeln und Himbeeren garniert servieren.

Die Kombi aus Mandeln, Himbeeren und Graupen liefert **besonders viele Ballaststoffe,** die dem Darm schmeicheln und uns guttun – Wellness von innen.

BEERENMIX
mit Kokos

15 Min. – 2 Portionen
253 kcal, 18 g F, 18 g KH, 6 g B, 3 g E

250 g Beerenmix (z. B. Erdbeeren, Blaubeeren, Himbeeren, Brombeeren) // ½ Bio-Zitrone // 1 Pck. Vanillezucker // 50 g Kokosmus (zimmerwarm) // 50 ml Ananassaft

1 Beeren waschen, verlesen, gegebenenfalls putzen. Zitrone heiß abwaschen, trocken tupfen, Schale abreiben, Saft auspressen.
2 Zwei Drittel der Beeren mit Vanillezucker und 120–150 ml Wasser pürieren. Restliche Früchte unterziehen, abgedeckt kalt stellen.
3 Kurz vor dem Servieren Kokosmus mit Zitronenschale und -saft aufschlagen. Nach und nach den Ananassaft zufügen, bis eine cremige Konsistenz erreicht ist. Zusammen mit der Fruchtgrütze servieren.

Die Kokosnuss besteht zu über einem Drittel aus Fett und sorgt dadurch für ein tolles cremiges Mundgefühl. Außerdem zählt sie zu den selenhaltigsten Lebensmitteln und unterstützt somit die Entgiftungen im Körper. Unter den Obstsorten liefern Beeren die meisten Ballaststoffe und noch dazu jede Menge Antioxidantien. Eine Power-Kombi!

MELONEN-KALTSCHALE

mit Haferflockenkrokant

15 Min. – 2 Portionen
431 kcal, 13 g F, 66 g KH, 6 g B, 10 g E

20 g Butter // 1 TL Honig // 30 g kernige Haferflocken // 400 g Süßkirschen // 800 g Wassermelone (kernfrei) // Saft von 1 Zitrone // 300 g Naturjoghurt // 1 Pck. Vanillezucker

1 Butter zerlassen, Honig zufügen und Haferflocken ca. 5 Min. braun darin rösten. Auf einem Brett auskühlen lassen.
2 Kirschen waschen, entsteinen und halbieren. Wassermelone schälen, Fruchtfleisch fein pürieren. Mit Kirschen und Zitronensaft mischen.
3 Joghurt mit Vanillezucker süßen. Melonen-Kirsch-Mix auf zwei Schalen verteilen und mit einem Klecks Joghurt und mit Haferflocken-Krokant bestreut anrichten.

Haferflocken sind toll für eine gesunde Ausstrahlung und einen klaren Geist. Sie liefern eine Extraportion Zink für schöne Haut und kräftiges Haar. Die besonderen Ballaststoffe Beta-Glucane sorgen außerdem für einen langsamen Anstieg des Blutzuckers und dadurch für eine gute Konzentrationsfähigkeit.

APRIKOSEN-KALTSCHALE

20 Min. – 2 Portionen
282 kcal, 2 g F, 48 g KH, 24 g B, 14 g E

500 g Aprikosen // 2 Stängel Zitronenmelisse // 150 ml Apfelsaft // 1 Pck. Vanillezucker // 50 g Gelierzucker // 500 ml Buttermilch

1 Aprikosen waschen, putzen und in Spalten schneiden. Zitronenmelisseblättchen abzupfen. Aprikosen in Apfelsaft bei geringer Hitze ca. 5 Min. dünsten, dann abgießen, Saft dabei auffangen.
2 Saft mit Vanille- und Gelierzucker aufkochen und ca. 2 Min. köcheln, dann vom Herd ziehen und Aprikosenspalten wieder zugeben. Alles zusammen abkühlen lassen.
3 Vor dem Servieren Buttermilch unterziehen und mit Zitronenmelisse garnieren.

Perfekt für heiße Tage, denn die Kaltschale ist nicht nur supererfrischend, sondern Aprikosen stecken auch voll zellschützendem Betacarotin, das den hauteigenen UV-Schutz unterstützt.

○ Für ein **längeres Sättigungsgefühl** Mandelblättchen oder Granola (s. Seite 166) als Topping verwenden.

CREMIG UND VOLLER VITAMINE

GRÜNE GEMÜSECREME
mit Wirsing

40 Min. – 2 Portionen
290 kcal, 22 g F, 8 g KH, 6 g B, 14 g E

300 g Wirsing // ½ Lauch // 1 Bund glatte Petersilie // 2 EL Rapsöl // 300 ml Gemüsebrühe // 2 Eier // 2 EL Schmand // Salz // Pfeffer // 1 TL Schwarzkümmel

1 Wirsing putzen. Dicke Blattrippen herausschneiden und hacken. Die grünen Blätter in Streifen schneiden. Lauch putzen, der Länge nach aufschlitzen, waschen und in Ringe schneiden. Petersilienblättchen abzupfen, einige hacken und beiseitelegen, Stängel aufbewahren.

2 Öl in einem Topf erhitzen. Gemüse und Petersilienstängel zugeben und unter Rühren 4 Min. andünsten. Mit Gemüsebrühe ablöschen und zugedeckt 15–20 Min. weich kochen.

3 Inzwischen die Eier in 6 Min. wachsweich kochen und halbieren.

4 Suppe mit Schmand und fast allen Petersilienblättchen pürieren. Kräftig mit Salz und Pfeffer würzen. Nach Bedarf noch etwas Wasser zufügen. Mit gehackter Petersilie und Schwarzkümmel bestreuen und Eihälften auf der Suppe servieren.

Wirsing ist mit seinen B-Vitaminen, Vitamin C, Eisen und Schwefelölen ein Fitmacher. Vitamin A und Protein bauen auf.

○ Noch würziger wird's, wenn Sie etwas **Liebstöckel** mitgaren. Schmeckt auch wunderbar mit Grünkohl oder Kohlrabiblättern.

TOPINAMBURSUPPE
mit Zitronengras

35 Min. – 2 Portionen
366 kcal, 30 g F, 11 g KH, 19 g B, 13 g E

300 g Topinambur // 1 Knoblauchzehe // 1 Stängel Zitronengras // 2 EL Rapsöl // 200 ml Kokosmilch // ½ Bund Koriander // 100 g Tofu // Salz // Pfeffer // 1 TL Currypulver

1 Topinambur putzen, schälen und eine Knolle (50 g) beiseitelegen. Restlichen Topinambur in kleine Stücke schneiden. Knoblauch schälen und hacken. Zitronengras putzen und quetschen.
2 Topinambur, Knoblauch und Zitronengras bei mittlerer Hitze in einem Topf in 1 EL Öl anschmoren, mit 200 ml Wasser und Kokosmilch ablöschen. Nach dem Aufkochen zugedeckt bei geringer Hitze ca. 10 Min. köcheln lassen.
3 Inzwischen Korianderblättchen abzupfen und hacken. Tofu würfeln, salzen, pfeffern und in Curry wenden. Das übrige Öl in einer Pfanne erhitzen und Tofuwürfel darin rundherum 5 Min. kräftig braten.
4 Wenn der Topinambur weich ist, Zitronengras herausnehmen, die Suppe pürieren und mit Salz und Pfeffer würzen. Letzte Topinamburknolle roh in dünne Scheiben hobeln, unterziehen. Mit Koriander und Tofu anrichten.

Topinambur ist eine Knolle, die roh und gekocht leicht süßlich schmeckt. Der Ballaststoff Inulin regt sanft die Verdauung an und stärkt die Immunabwehr.

○ Statt Tofu **Wasabi-Würzöl** (s. Seite 159) als Topping wählen oder gehackte grüne und schwarze Oliven.

SENFSUPPE
mit Pastinaken, Sellerie und Tahin

35 Min. – 2 Portionen
247 kcal, 14 g F, 22 g KH, 9 g B, 7 g E

250 g Pastinaken // 150 g Knollensellerie // 1 Handvoll Basilikumblätter // 1 EL Rapsöl // 400 ml Gemüsebrühe // 2 EL Tahin // 1 EL Sahne // 2 EL Dijonsenf // 1 EL grober Senf // Salz // Pfeffer // 1 TL gemahlene Kurkuma

1 Pastinaken und Sellerie putzen, Sellerie schälen und beides klein würfeln. Basilikumblättchen in feine Streifen schneiden.
2 Öl in einem Topf erhitzen und die Gemüsewürfel darin 2 Min. andünsten. Alles mit Gemüsebrühe ablöschen und zugedeckt in 10–15 Min. weich garen.
3 Die Suppe mit Tahin fein pürieren. Sahne und Senf zugeben und mit Salz, Pfeffer und Kurkuma würzen. Noch einmal erhitzen, evtl. etwas Wasser zufügen. Basilikum in die Suppe geben und servieren.

Sellerie und Kurkuma wirken beide heilend und reinigend. Die verdauungsfördernden Pastinaken unterstützen diese Wirkung.

○ Statt Pastinaken schmecken auch Petersilienwurzeln – oder nur Knollensellerie.

SÜSSKARTOFFEL-SUPPE
mit Paprika und Bacon

30 Min. – 2 Portionen
304 kcal, 12 g F, 39 g KH, 6 g B, 8 g E

1 rote Spitzpaprikaschote // 1 Knoblauchzehe // 300 g Süßkartoffeln // 1 EL Rapsöl // 1 TL gemahlene Kurkuma // 300 ml Gemüsebrühe // Salz // Pfeffer // Muskat // 50 g Frühstücksspeck, in Scheiben

1 Paprika putzen, von Samen und Scheidewänden befreien und würfeln. Knoblauch schälen und zerdrücken. Süßkartoffeln schälen und grob zerkleinern.
2 Das Öl in einem Topf erhitzen, Paprika und Knoblauch darin andünsten. Kartoffeln und Kurkuma zugeben, kurz mitdünsten und mit der Gemüsebrühe ablöschen. 20 Min. bei geringer Hitze köcheln lassen, bis das Gemüse weich ist, dann mit Salz, Pfeffer und Muskat würzen. Alles fein pürieren, evtl. Wasser zugeben.
3 Bacon in einer kleinen Pfanne auslassen, bis er schön kross ist. Suppe abschmecken und mit Bacon anrichten.

Süßkartoffeln enthalten doppelt so viele Ballaststoffe wie Kartoffeln und ebenso viel Karotin wie Möhren.

WILDKRÄUTER-SÜPPCHEN

35 Min. – 2 Portionen
317 kcal, 20 g F, 23 g KH, 5 g B, 12 g E

4 Frühlingszwiebeln // 50 g altbackenes Brot ohne Rinde // 50 g grüne Kräuter (Petersilie, Sauerampfer, Brunnenkresse, Pimpinelle, Bärlauch, Rucola) // 2 hart gekochte Eier // 2 EL Butter // 1 TL Mehl // 250 ml Gemüsebrühe // 50 g Schmand // Salz // Pfeffer

1 Frühlingszwiebeln putzen und in dünne Ringe schneiden. Brotkrume grob würfeln. Kräuterblättchen abzupfen. Die Eier pellen und hacken.
2 Zwiebelringe in der Butter glasig dünsten, mit Mehl überstäuben und mit Brühe angießen, die Brotwürfel zufügen und ca. 5 Min. zugedeckt kochen lassen. Kräuter und Schmand zugeben und alles mit einem Mixstab pürieren.
3 Die Suppe nach Wunsch verdünnen, mit Salz und Pfeffer würzen. Mit Eiern garnieren.

Im Frühjahr eignen sich Brennnesselspitzen, Gierschblätter und natürlich auch Radieschenblätter. Sie alle regen den Stoffwechsel an und wirken entwässernd. Und kein Gemüse hat mehr Eisen und Vitamine als Wildkräuter!

○ Wenn Sie **keine Brotreste** haben, können Sie die Suppe stattdessen auch nur mit Mehl binden. Dann die Menge auf 2 EL Mehl erhöhen.

BASILIKUMCREMESUPPE
mit weißen Bohnen

20 Min. – 2 Portionen
297 kcal, 19 g F, 16 g KH, 7 g B, 15 g E

50 g ganze Mandeln // 1 Zwiebel // 1 Knoblauchzehe // 2 Bund Basilikum // 1 EL Olivenöl // 1 Dose weiße Bohnen (400 g, 240 g Abtropfgewicht) // 350 ml Gemüsebrühe // Salz // Pfeffer // etwas Zitronensaft

1 Die Mandeln grob hacken. Zwiebel und Knoblauch schälen und würfeln. Die Basilikumblätter abzupfen und einige für die Garnitur beiseitelegen.

2 Mandeln in Öl in einem Topf kurz anrösten. Zwiebel und Knoblauch zugeben und bei geringer Hitze 3–5 Min. dünsten. Bohnen samt Flüssigkeit zufügen. Das Ganze aufkochen, dann vom Herd nehmen.

3 Basilikum zugeben und mit dem Pürierstab oder im Mixer fein pürieren. Dabei mit Brühe zu Suppe verdünnen. Mit Salz, Pfeffer und etwas Zitronensaft würzen. Mit den Basilikumblättern garniert servieren.

Basilikum beruhigt, stärkt den Magen und sorgt dafür, dass die eiweiß- und ballaststoffreichen Bohnen nicht blähen.

- **Wer die Bohnen selbst kochen mag:** 120 g im Schnellkochtopf mit 300 ml Wasser 40 Min. kochen oder am Vorabend einweichen und 10 Min. im Schnellkochtopf kochen.
- Als i-Tüpfelchen zum Schluss ein paar **zusätzliche weiße Bohnen** in die Suppe geben und kurz warm werden lassen.

Ofengeröstete APFEL-ZWIEBEL-SUPPE *mit Kartoffeln*

40 Min. – 2 Portionen
233 kcal, 10 g F, 32 g KH, 3 g B, 3 g E

200 g Kartoffeln (mehligkochend) // 200 g Äpfel // 1 große Zwiebel // je ½ TL Fenchel- und Kreuzkümmelsamen // 2 EL Olivenöl // Salz // Pfeffer // 1–2 Stängel Estragon // ca. 300 ml Hühnerbrühe

1 Backofen auf 220 °C vorheizen. Kartoffeln putzen, Äpfel waschen. Kartoffeln und Zwiebel schälen. Kartoffeln 2 cm groß würfeln, Zwiebel in schmale Streifen schneiden. Äpfel vierteln und vom Kerngehäuse befreien.
2 Alles in eine ofenfeste Form füllen, mit Samen und Öl mischen, salzen und pfeffern. Im Ofen 25–30 Min. rösten.
3 Inzwischen Estragonblättchen abzupfen. Ofenmix mit 200 ml heißer Hühnerbrühe pürieren. Zur gewünschten Konsistenz weiter verdünnen und abschmecken. Mit Estragonblättchen bestreut servieren.

Kreuzkümmel, Fenchel und Estragon wirken allesamt verdauungsfördernd und appetitanregend. Das macht die würzige Suppe zu einem milden Fitmacher.

○ Schmeckt auch mit **Paprikaschoten**, Auberginen und Zucchini als Mittelmeermix.

HIRSE-PAPRIKA-RAHMSUPPE

20 Min. – 2 Portionen
281 kcal, 21 g F, 18 g KH, 4 g B, 5 g E

1 Zwiebel // 2 kleine rote Paprikaschoten (300 g) // 1 EL Butter // 30 g Hirsemehl // 1 TL Paprikapulver edelsüß // 250 ml Gemüsebrühe // 2 EL Tomatenmark // Salz // Pul Biber (türkische Gewürzmischung) // 100 ml Sahne

1 Die Zwiebel schälen und hacken. Paprika putzen, von Samen und Scheidewänden befreien und im Blitzhacker zerkleinern.
2 Die Butter in einem Topf zerlassen. Zwiebel darin glasig dünsten, dann Mehl und Paprikapulver zugeben und anschwitzen. Unter Rühren mit der Gemüsebrühe ablöschen. 5 Min. köcheln lassen.
3 Suppe vom Herd nehmen. Paprikamus und Tomatenmark unterrühren. Mit Salz und Pul Biber würzen. Die Sahne steif schlagen und unterziehen. Sofort servieren.

Paprika ist besonders reich an Vitamin C, das beim Kochen teilweise zerstört wird. Aus roher Paprika kann es besonders gut aufgenommen werden, deshalb ist die Suppe eine wahre Vitamin-C-Bombe.

○ Wenn Sie **kein Hirsemehl** haben, können Sie auch ganze Hirsekörner in einer alten Kaffeemühle zerkleinern.

WURZEL-INGWER-SUPPE

20 Min. – 2 Portionen
310 kcal, 19 g F, 29 g KH, 7 g B, 6 g E

1 Zwiebel // 200 g Möhren // 200 g Pastinaken // 1 Stück Ingwer (ca. 2 cm) // 1 Knoblauchzehe // 2 EL Rapsöl // 150 ml Apfelsaft // Salz // Pfeffer // 1 TL Majoranblättchen // 30 g ganze Mandeln

1 Zwiebel schälen, Möhren und Pastinaken putzen und alles in Würfel schneiden. Ingwer und Knoblauch schälen.

2 Öl in einem großen Topf erhitzen und die Gemüsewürfel 2 Min. darin anschwitzen. 300 ml Wasser zufügen und kurz aufkochen.

3 Ingwer und Knoblauch mit einer Knoblauchpresse in das Gemüse drücken. Die Suppe ca. 8 Min. kochen lassen. Wenn das Gemüse weich ist, alles mit einem Pürierstab zerkleinern. Saft zugeben, mit Salz, Pfeffer und Majoran würzen.

4 Mandeln grob hacken und in einer kleinen Pfanne ohne Fett anrösten. Zur Suppe reichen.

Möhren tun mit ihrem **Karotin** der Haut gut, Pastinaken der Verdauung. Ingwer wirkt mit seiner Schärfe wärmend. Bei Bundmöhren können Sie einen Teil des Möhrengrüns waschen und gehackt als Garnitur verwenden.

○ Schmeckt auch toll mit **Ananassaft** und frischer gehobelter Kokosnuss statt Mandeln.

ERBSEN-SALAT-CREMESUPPE *mit Minze*

20 Min. – 2 Portionen
303 kcal, 18 g F, 22 g KH, 10 g B, 14 g E

1 Zwiebel // 1 Kopfsalatherz // 4–5 Stängel Minze // 1 EL Rapsöl // 300 g Erbsen (frisch ausgepalt oder TK) // 200 ml Gemüsebrühe (ersatzweise Hühnerbrühe) // Salz // Pfeffer // 1 Eigelb // 50 ml Sahne

1 Zwiebel schälen und würfeln. Salat putzen, quer in breite Streifen schneiden, dabei Außenblätter mit verwenden. Minzblättchen abzupfen und grob hacken.
2 Öl in einem Topf erhitzen. Zwiebelwürfel darin glasig dünsten. Salat kurz mitdünsten, dann Erbsen und Brühe zufügen, aufkochen und 2–3 Min. weiterköcheln lassen.
3 Minze bis auf einige Blattstückchen zur Suppe geben und pürieren. Mit Salz und Pfeffer würzen. Eigelb mit Sahne verquirlen. Vorsichtig ca. 50 ml Suppe unterschlagen. Eigelb-Mix zur Suppe geben und verrühren, jedoch nicht mehr kochen. Sofort mit Minze garniert servieren.

Minze tut der Galle gut, Kopfsalat beruhigt. Beide wirken gegen Huste.

○ Schmeckt auch mit **Zitronenmelisse** und abgeriebener Zitronenschale. Im Winter kann Endiviensalat verwendet werden.

MANDEL-Radieschengrün-SUPPE

25 Min. – 2 Portionen
376 kcal, 27 g F, 21 g KH, 11 g B, 13 g E

1 Bund Frühlingszwiebeln // 2 Bund Radieschengrün // 50 g ganze Mandeln // 1 EL Olivenöl // 400 ml Gemüsebrühe // Salz // weißer Pfeffer // 50 ml Sahne

1 Die Frühlingszwiebeln putzen und in feine Röllchen schneiden. Radieschengrün waschen und grob hacken.
2 Die Mandeln grob hacken und in Öl anrösten. Zwiebeln zugeben und bei geringer Hitze glasig dünsten, Radieschengrün zufügen und kurz zusammenfallen lassen. Mit der Hälfte der Gemüsebrühe angießen und zugedeckt 5–8 Min. köcheln lassen.
3 Die Suppe mit dem Pürierstab oder im Mixer fein pürieren. Mit der restlichen Gemüsebrühe verdünnen und mit Salz und Pfeffer würzen.
4 Sahne steif schlagen und unterziehen.

Statt Radieschengrün passen auch Spinat oder Rucola. Sie liefern ebenfalls gesunde Bitterstoffe.

○ Wer mag, kann die Suppe mit einem hart gekochten Ei toppen und als sattigende Hauptspeise verzehren.

RÜBEN-CREMESUPPE

25 Min. – 2 Portionen
434 kcal, 26 g F, 34 g KH, 10 g B, 15 g E

400 g Rüben (z. B. Steckrüben, Petersilienwurzeln, Pastinaken) // 300 ml Gemüsebrühe // 25 g Kürbiskerne // 100 g Schmand // 2 EL Tahin // Salz // Pfeffer // Kreuzkümmel

1 Das Gemüse putzen, wenn nötig schälen und in kleine Würfel schneiden. Gemüsebrühe aufkochen und Gemüse zugeben, zugedeckt 15 Min. kochen.
2 Die Kürbiskerne in einer Pfanne ohne Fett rösten, bis sie duften.
3 Schmand und Sesampaste in die Suppe einrühren, alles fein pürieren. Kräftig mit Salz, Pfeffer und etwas Kreuzkümmel würzen. Mit den Kürbiskernen bestreut anrichten.

Die Wurzeln sind basenbildend, sehr mild und tun gut, wenn die Nerven blank liegen und der Magen rebelliert. Ihre Ballaststoffe regen die Verdauung sanft an.

○ Schmeckt auch mit Kartoffeln. Dann aber nicht pürieren, sondern durchs Sieb streichen, sonst wird die Suppe kleisterig.

BLUMENKOHL-CREMESUPPE *mit Pilzbröseln*

30 Min. – 2 Portionen
258 kcal, 17 g F, 14 g KH, 7 g B, 12 g E

1 Zwiebel // 400 g Blumenkohl mit einigen zarten Hüllblättern // 100 g Champignons // 2 EL Butter // ½ TL gemahlene Kurkuma // 400 ml Gemüsebrühe // 20 g Semmelbrösel // 1 TL Thymianblättchen // Salz // 2 EL Zitronensaft // 50 g Frischkäse // Pfeffer

1 Die Zwiebel schälen und würfeln. Blumenkohl putzen und in Röschen teilen, dabei die Blätter abtrennen, Rippen entfernen und Blätter beiseitelegen. Den Strunk hacken. Champignons putzen, mit einem Geschirrtuch abreiben und sehr fein würfeln.

2 Die Hälfte der Butter in einem Topf erhitzen und Zwiebel darin glasig dünsten. Kurkuma zugeben und unter Rühren ca. 1 Min. mitbraten. Blumenkohlröschen und -strunk mit Brühe zufügen und zugedeckt 10–15 Min. köcheln lassen. In den letzten 2 Min. die Blätter zugeben.

3 Inzwischen eine beschichtete Pfanne erhitzen und die übrige Butter darin zerlassen. Dann Semmelbrösel, Thymian und Pilze zufügen und unter Rühren ca. 3 Min. braten, leicht salzen.

4 Zitronensaft und Frischkäse zur Suppe geben und mit einem Pürierstab fein pürieren. Mit Salz und Pfeffer würzen. Zum Servieren die Suppe eingießen und mit Pilzbröseln bestreuen.

Diese Suppe ist ein besonders gut verträglicher **Rundumversorger** für nervöse Mägen. Blumenkohlblätter enthalten viel Vitamin C und die Knospen alle Mineralstoffe, die wir brauchen.

○ Statt Pilzbröseln als Garnitur **Lachstatar** verwenden.

Ein Topf

1001 CREMIGE SUPPEN

Aus nahezu jedem Gemüse lässt sich eine Suppe kochen – und zwar immer wieder anders. Einfach mit den angegebenen Kräutern, Brühen und Toppings experimentieren und sich überraschen lassen. Die Mengenangaben beziehen sich auf 1 Portion.

1 – Die Würzigen

½ Zwiebel
—
⅓ Stange Lauch
—
3 Frühlingszwiebeln

und/oder

1 Knoblauchzehe

2 – Gemüse mit längerer Garzeit

150–200 g

Topinambur
—
Pastinaken
—
Kartoffeln
—
Kürbis
—
Möhren
—
Petersilienwurzeln
—
Schwarzwurzeln
—
Sellerie
—
Süßkartoffeln
—
Rote Bete
—
Blumenkohl
—
Brokkoli
—
Paprika

3 – Aromatische Brühe

200 ml

Gemüsebrühe
—
Fleischbrühe
—
Hühnerbrühe
—
Fischbrühe
—
Gewürzbrühe
—
Pilzbrühe
—
Krabbenbrühe
—
Dashibrühe
—
Wasser

Und so geht's:

1 Zwiebel, Lauch, Frühlingszwiebel und/oder Knoblauch schälen, fein würfeln bzw. in Ringe schneiden und in Öl anschwitzen.
2 Gemüse mit längerer Garzeit putzen und in mundgerechte Stücke schneiden. In den Topf geben und mit andünsten.
3 Das Gemüse mit Brühe ablöschen und ca. 10 Min. köcheln lassen.
4 Gemüse mit kürzerer Garzeit putzen und klein schneiden. Zur köchelnden Suppe geben und in weiteren 5 Min. garen.

4	5	6	7
Gemüse mit kürzerer Garzeit	**Kräuter und Gewürze**	**Für die Cremigkeit**	**Toppings für das gewisse Extra**
1 Handvoll	Nach Belieben	30–50 g	Nach Belieben
Grüne Kräuter — Radieschenblätter — Kopfsalat — Erbsen — Gurke — Spinat — Tomaten — Pak Choi — Mais — Champignons	Schnittlauch — Petersilie — Basilikum — Rucola — Majoran — Thymian — Pesto — Muskatnuss — Paprikapulver — Pul Biber — Currypulver	Kokosmilch — Schmand — Frischkäse — Crème Fraîche — Sahne — Sauerrahm — Sojacreme — Gorgonzola — Gemahlene Mandeln	Geröstete Nüsse — Geröstete Kerne und Saaten — Hart gekochte Eier — Gremolata — Sprossen — Gehackte Kräuter — Geröstete Kichererbsen — Kräuteröl — Zerkrümelter Feta — Geröstete Kichererbsen — Frittierte Petersilie

5 Suppe nach Geschmack pürieren und mit Kräutern und Gewürzen abschmecken.

6 Mit einer cremigen Zutat abrunden.

7 Noch ein Topping für die Optik und als Eiweißeinlage zugeben. Nach Bedarf kurz erwärmen. Gegebenenfalls etwas mehr Brühe oder Wasser zugießen und servieren.

LAUCHSUPPE
mit Erdnüssen

30 Min. – 2 Portionen
289 kcal, 20 g F, 16 g KH, 6 g B, 12 g E

400 g Lauch // 1 kleiner Apfel // 40 g geröstete Erdnüsse + einige für die Garnitur // 1 EL Rapsöl // Salz // Pfeffer // 75 g Frischkäse // Muskat // 1 TL Thymianblättchen

1 Lauch putzen, der Länge nach aufschlitzen, waschen und in feine Ringe schneiden. Apfel waschen, vierteln und vom Kerngehäuse befreien, Spalten quer in Scheiben schneiden.
2 Erdnüsse und Lauch in Öl anbraten, dann die Apfelstückchen zugeben. Wenn alles beginnt anzusetzen, mit 200 ml Wasser angießen, salzen, pfeffern und zugedeckt ca. 10 Min. garen.
3 Mit dem Mixstab fein pürieren, dabei löffelweise Frischkäse zugeben. Mit Wasser auf Suppenstärke verdünnen, mit Muskat und Thymian abschmecken. Erdnüsse grob hacken und über die Suppe streuen.

Lauch wirkt durch seine Senföle verdauungsfördernd und regenerierend. Thymian beugt Blähungen vor und das Querzetin aus dem Apfel wirkt stark antioxidativ.

TOMATEN-LIMETTEN-SUPPE

25 Min. – 2 Portionen
184 kcal, 11 g F, 18 g KH, 4 g B, 3 g E

1 rote Zwiebel // 1 Knoblauchzehe // 1 Stück Ingwer (1 cm) // 250 g reife Tomaten // 1 Bio-Limette // 2 EL Sesamöl (ersatzweise Rapsöl) // 1 EL Tomatenmark // 1 EL Honig // 1 Dose gehackte Tomaten (400 g) // Salz // Szechuanpfeffer

1 Zwiebel, Knoblauch und Ingwer schälen und hacken. Tomaten vom Stielansatz befreien und klein schneiden. Limette heiß abwaschen und trocken tupfen. Schale abreiben und Saft auspressen.
2 Zwiebel, Knoblauch und Ingwer in Sesamöl glasig dünsten. Tomatenmark und Honig zugeben, leicht karamellisieren lassen und die frischen Tomaten ca. 5 Min. darin schmoren.
3 Gehackte Tomaten und 50 ml Wasser zufügen und die Suppe bei geschlossenem Deckel 10–15 Min. kochen lassen.
4 Suppe fein pürieren und mit Schale und Saft sowie Salz und Szechuanpfeffer würzen.

Das Karotin Lykopin ist aus Tomatenmark und gegarten bzw. konservierten Tomaten viel besser verfügbar als aus frischen. Es dient der Haut als Zellschutz.

GURKENCREMESUPPE

30 Min. – 2 Portionen
208 kcal, 16 g F, 10 g KH, 5 g B, 6 g E

1 kleiner Lauch // 1 Salatgurke (300 g) // 1 Bund Dill // 1 Schale Kresse // 2 EL Rapsöl // 300 ml Gemüsebrühe // ½ reife Avocado // 100 ml Buttermilch // Salz // Pfeffer // Muskat

1 Lauch putzen, der Länge nach aufschlitzen, waschen und in Ringe schneiden. Gurke putzen, samt Schale längs halbieren und in fingerdicke Scheiben schneiden. Dillblättchen abzupfen. Die Hälfte der Kresse vom Beet schneiden.
2 Öl in einem Topf erhitzen. Zuerst den Lauch andünsten, nach 3–4 Min. Gurke zugeben. Mit Brühe ablöschen und aufkochen. Zugedeckt 5 Min. köcheln lassen, bis das Gemüse weich ist. Suppe vom Herd nehmen.
3 Avocadofruchtfleisch aus der Schale lösen. Zusammen mit Dill und Kresse zur Suppe geben. Alles mit 70 ml Buttermilch pürieren und mit Salz, Pfeffer und Muskat würzen.
4 Auf Schüsseln verteilen, die restliche Buttermilch einrühren und mit der übrigen Kresse bestreuen.

Gurke wirkt entwässernd und basenbildend. Das wird durch Avocado, Dill und Lauch verstärkt. An heißen Tagen schmeckt die Suppe auch gekühlt richtig toll und isz wunderbar erfrischend.

○ Gelingt anstelle von Gurke auch mit 400 g Zucchini. Statt Dill kann 1 TL Matcha zugefügt werden.

SCHWARZWURZEL-CREMESUPPE

40 Min. – 2 Portionen
262 kcal, 19 g F, 16 g KH, 46 g B, 6 g E

1 Bio-Zitrone // 500 g Schwarzwurzeln // 1 kleine Zwiebel // 1 EL Butter // 1 EL Mehl (Type 1050) // Salz // Pfeffer // 1 Prise Muskat // 100 g Crème fraîche // 1 Prise Zucker

1 Zitrone heiß abwaschen und trocken tupfen. Schale spiralig abschälen, Saft auspressen. Die Hälfte der Schale und 2 EL Saft mit 300 ml Wasser mischen, die andere Hälfte fein hacken. Schwarzwurzeln putzen, schälen und in 3 cm lange Stücke schneiden. Stücke sofort in das Zitronenwasser einlegen.

2 Zwiebel schälen und würfeln. Butter in einem Topf erhitzen und Zwiebel glasig dünsten, dabei mit Mehl überstäuben. Schwarzwurzeln samt Flüssigkeit zugeben und aufkochen, bei geringer Hitze 20 Min. garen. Dabei mit Salz, Pfeffer und Muskat würzen.

3 Ca. ein Drittel der Schwarzwurzeln und die gekochte Zitronenschale aus dem Sud heben. Die übrigen Schwarzwurzeln im Sud mit Crème fraîche pürieren, mit Salz, Pfeffer, Muskat, der gehackten Zitronenschale und Zucker abschmecken. Restliche Schwarzwurzeln wieder einlegen.

„Winterspargel“ enthält den Ballaststoff Inulin, der präbiotisch wirkt, also die Darmflora unterstützt. Das stärkt Abwehr und Verdauung auf milde Art.

- Schwarzwurzeln sondern beim Schälen einen milchigen, klebrigen Saft ab, der sich dunkel färbt. Deshalb sofort in **Zitronenwasser** einlegen.
- Wer es eilig hat, nimmt **Schwarzwurzeln aus dem Glas** – dem Inulin tut das keinen Abbruch.

BROKKOLI-CREMESUPPE

30 Min. – 2 Portionen
277 kcal, 15 g F, 17 g KH, 9 g B, 18 g E

1 Zwiebel // 500 g Brokkoli // 1 Bund glatte Petersilie // 1 EL Rapsöl // 30 g Grünkernschrot // 1 TL gemahlener Koriander // 400 ml Gemüsebrühe // 60 g Edelpilzkäse (z. B. Roquefort) // Salz // Pfeffer

1 Zwiebel schälen und würfeln. Brokkoli putzen, Röschen abtrennen, Stiel wenn nötig schälen und würfeln. Petersilienblättchen abzupfen und hacken.
2 Öl in einem Topf erhitzen und Zwiebel glasig dünsten. Grünkernschrot, Brokkolistiele und Koriander zufügen und kurz andünsten. Mit Brühe ablöschen. 15 Min. garen. In den letzten 8 Min. die Röschen zugeben.
3 Wenn Gemüse und Grünkern gar sind, die Suppe pürieren. Dabei 40 g Käse zugeben und mit Salz und Pfeffer würzen. Mit Petersilie und restlichem Käse bestreut servieren.

Rundumversorgung: Brokkoli ist reich an Mineralstoffen wie Kalzium und Eisen, an Indolen und Flavonoiden, die krebshemmend wirken, an Vitamin C und allen B-Vitaminen.

○ Statt **Grünkernschrot** passen auch Haferflocken, statt Edelpilzkäse milder Weichkäse.

PASTINAKEN-CREMESUPPE

30 Min. – 2 Portionen
326 kcal, 17 g F, 37 g KH, 6 g B, 4 g E

500 g Pastinaken // 1 Stück Ingwer (3 cm) // 2 EL Rapsöl // 1 TL Dinkelmehl (Type 1050) // 2 EL Schmand // Abrieb und Saft von 1 Bio-Orange // Salz // Pfeffer // 1 Schale Kresse

1 Die Pastinaken putzen und in kleine Stücke schneiden. Ingwer schälen und fein würfeln.
2 Öl in einem Topf erhitzen, Pastinaken und Ingwer bei mittlerer Hitze anschmoren, mit Mehl bestäuben, mit 500 ml Wasser ablöschen. Nach dem Aufkochen zugedeckt bei geringer Hitze ca. 10 Min. köcheln lassen.
3 Sobald die Pastinaken weich sind, Schmand zugeben und alles pürieren. Orangenschale und -saft unter die Suppe rühren und kurz erwärmen, nicht mehr kochen. Mit Salz und Pfeffer würzen und mit Kresse garnieren.

Pastinaken enthalten nicht nur verdauungsförderndes Inulin, sondern auch ätherische Öle gegen Bauchweh. Zudem stimulieren sie das Nervensystem.

KRESSESÜPPCHEN
mit Räucherlachs

30 Min. – 2 Portionen
338 kcal, 20 g F, 15 g KH, 2 g B, 20 g E

1 Zwiebel // 150 g Kartoffeln // 1 EL Rapsöl // 400 ml Gemüsebrühe // 50 ml Weißwein // 2 Schalen Kresse // 1 Bund Brunnenkresse // 150 g Räucherlachs // 3 EL Schmand // Salz // Pfeffer

1 Zwiebel schälen und in kleine Würfel schneiden. Kartoffeln putzen, schälen und klein würfeln. In einem großen Topf das Öl erhitzen und Zwiebel darin glasig dünsten. Kartoffeln zugeben, kurz mit andünsten und dann mit Gemüsebrühe ablöschen. 15 Min. köcheln lassen. Dann Wein zugießen und kurz aufkochen.

2 In der Zwischenzeit Gartenkresse von ihrem Beet schneiden. Etwas von beiden Kressesorten beiseitelegen. Lachs in Streifen schneiden. Kresse und Schmand zur Suppe geben und mit dem Mixstab fein pürieren. Mit Salz und Pfeffer würzen. Die Suppe in tiefen Tellern servieren und mit Lachsstreifen und Kresse garnieren.

Kresse wirkt anregend und antibiotisch, die Omega-3-Fettsäuren stärken die Immunabwehr – toll gegen Wintererkältungen.

- **Kartoffeln** werden in saurer Flüssigkeit nicht weich, deshalb den Wein später zugeben.
- Für eine **vegetarische Variante** tauschen Sie den Lachs gegen Mozzarella aus. Zusätzlich frischen Meerrettich darüberreiben.

SPINATCREME-SUPPE *mit Quinoa*

40 Min. – 2 Portionen
366 kcal, 16 g F, 32 g KH, 7 g B, 21 g E

1 Zwiebel // 1 Knoblauchzehe //
500 g Blattspinat // 1 EL Rapsöl //
80 g Quinoa // 200 ml Gemüsebrühe //
200 ml Milch // Salz // Pfeffer // Muskat //
30 g geriebener Parmesan

1 Zwiebel und Knoblauch schälen und hacken. Den Spinat verlesen, waschen und abtropfen lassen.
2 Öl in einem weiten Topf erhitzen. Zwiebel und Knoblauch andünsten. Dann Quinoa zugeben. Mit der Brühe ablöschen und zugedeckt 10–12 Min. garen.
3 Spinat bis auf einige Blätter zufügen und unter Rühren zusammenfallen lassen. Milch angießen und heiß werden lassen. Alles kurz pürieren und mit Salz, Pfeffer und Muskat würzen. Übrige Spinatblätter zugeben und leicht zusammenfallen lassen. Parmesan unterziehen oder auf die Suppe streuen.

Spinat und Quinoa sind Eisen-Booster. Das weckt die Lebensgeister bei Blutarmut und nach Krankheit.

○ Schmeckt auch mit **Grünkohl** bestens. Die Blätter hacken und von Anfang an mitdünsten.

MÖHREN-ERDNUSS-SUPPE

35 Min. – 2 Portionen
388 kcal, 18 g F, 31 g KH, 10 g B, 12 g E

1 Zwiebel // 1 Knoblauchzehe //
300 g Möhren // 50 g geröstete Erdnüsse //
1 EL Rapsöl // 400 ml Möhrensaft //
20 g zarte Haferflocken // 50 ml Orangensaft //
Salz // Pfeffer // Muskat

1 Zwiebel und Knoblauch schälen und hacken. Möhren putzen und raspeln. Erdnüsse grob hacken.
2 Das Öl in einem weiten Topf erhitzen. Zwiebel und Knoblauch andünsten. Wenn es bräunt, Möhren zugeben und kurz mitdünsten. Mit Möhrensaft ablöschen, Haferflocken und die Hälfte der Erdnüsse zugeben. Alles 15 Min. weich kochen.
3 Suppe fein pürieren und mit Orangensaft, Salz und den Gewürzen abschmecken. Tellerweise mit den übrigen Nüssen servieren. Ein paar feine Orangenscheiben als Garnitur verwenden.

Zellschutz total: Das **Betacarotin** der Möhren und Vitamin E der Erdnüsse wirkt in den Zellwänden antioxidativ, das Vitamin C der Orangen in der Zellflüssigkeit.

○ Wer Erdnüsse nicht verträgt, nimmt **Walnüsse**.

ROTE-BETE-CREMESUPPE
mit Apfeldicksaft

20 Min. – 2 Portionen
246 kcal, 5 g F, 41 g KH, 6 g B, 8 g E

400 g Rote Bete (vorgegart, vakuumverpackt) // 1 grüne Kardamomkapsel // 300 ml Gemüsebrühe // 2 EL Hirsemehl // 200 ml Milch // Salz // Pfeffer // 1 EL Meerrettich (frisch oder Glas, ca. 15 g) // 2 EL Apfeldicksaft

1 Rote Bete grob zerkleinern, Kardamomkapsel zerdrücken und beides mit der Gemüsebrühe aufkochen.

2 Hirsemehl mit einem Schneebesen in 100 ml kalte Milch einrühren, dann in die Suppe einrühren, 2 Min. sprudelnd kochen lassen. Kardamom herausfischen, Suppe pürieren, evtl. etwas verdünnen.

3 Die Suppe mit Salz, Pfeffer, Meerrettich und Apfeldicksaft abschmecken.

4 Übrige Milch erhitzen und zu Milchschaum schlagen, unterheben. Tellerweise mit einem Klecks Milchschaum und einem Spritzer Apfeldicksaft garnieren.

Rote Bete entgiftet: Betain regt Leber und Galle an, Kalium entwässert, Rutin stärkt die Gefäße. Kardamom und Meerrettich sind wahre Wachmacher.

- Schmeckt natürlich viel besser mit **frischer Roter Bete**. Am besten waschen, klein schneiden und in 1 EL Rapsöl andünsten. Brühe angießen und zugedeckt ca. 30 Min. garen.

- Die Suppe kann statt mit Gemüsebrühe oder auch **mit Früchtetee** aufgegossen werden. Abrunden lässt sie sich neben Apfeldicksaft mit **Balsamicoessig**.

KÜRBISCREMESUPPE
mit marinierten Rindfleischstreifen

30 Min. – 2 Portionen
267 kcal, 16 g F, 16 g KH, 4 g B, 14 g E

1 große Zwiebel // 300 g Hokkaidokürbis (ohne Kerne) // 100 g Kartoffeln // 1 EL Butter // 1 EL Tomatenmark // mildes Currypulver // 400 ml Gemüsebrühe // 100 g Rinderfilet // 1 EL Kürbiskernöl (ersatzweise Olivenöl) // ½ TL Senf // 1 TL Sojasauce // Salz // Pfeffer // 2 EL Sojacreme

1 Die Zwiebel schälen und würfeln. Kürbis putzen, Kerne entfernen und Fruchtfleisch in grobe Stücke schneiden. Kartoffeln putzen, schälen und grob raspeln.
2 Die Butter in einem Topf erhitzen, Zwiebel glasig dünsten, Kürbis, Kartoffeln, Tomatenmark und Curry zugeben und kurz schmoren. Mit der Gemüsebrühe ablöschen. Zugedeckt ca. 15 Min. bei geringer Hitze garen, bis das Gemüse weich ist.
3 Inzwischen das Rindfleisch abspülen, trocken tupfen und quer zur Faser in hauchdünne Streifen schneiden. Mit Öl, Senf und Sojasauce marinieren.
4 Gemüse mit einem Stabmixer fein pürieren, mit Salz, Pfeffer und Sojacreme abschmecken, evtl. mit etwas Wasser verdünnen. Rindfleischstreifen auf der Suppe anrichten.

Kürbis liefert zellschützendes Betacarotin, Rindfleisch Eisen für die Sauerstoffversorgung. Beides stärkt die Abwehr.

○ Noch exotischer wird's, wenn Sie die Gemüsebrühe zur Hälfte durch **Kokosmilch** ersetzen und statt Currypulver Thai-Currypaste verwenden. Das Tomatenmark und die Sojacreme dann weglassen und statt Rindfleisch geröstete Erdnüsse über die Suppe streuen.

HERZHAFT UND WÄRMEND FÜR DIE SEELE

MAISSUPPE
mit Muscheln

30 Min. – 2 Portionen
251 kcal, 8 g F, 33 g KH, 10 g B, 12 g E

1 Msp. Safranpulver // 1 Zwiebel // 1 Möhre // 2 Staudensellerie mit Grün // 2 Maiskolben // 1 EL Butter // 400 ml Fischfond // 1 Lorbeerblatt // Salz // Pfeffer // 250 g Miesmuscheln mit Schale (TK)

1 Safran in wenig warmem Wasser einweichen. Zwiebel schälen und fein hacken. Übriges Gemüse putzen. Selleriegrün abtrennen, grob hacken und beiseitelegen. Möhre und Sellerie in dünne Scheiben schneiden. Mais vom Kolben schneiden.

2 Die Butter in einem Topf zerlassen und die Zwiebel darin anschwitzen. Möhre und Staudensellerie zugeben und 5 Min. andünsten. Mit Fond ablöschen, Lorbeer und Safran zufügen und weitere 5 Min. köcheln lassen, bis das Gemüse gar ist.

3 Lorbeer entfernen, Maiskörner zugeben und die Suppe mit Salz und Pfeffer abschmecken. Die Muscheln zufügen und in der Suppe heiß werden lassen. Mit Selleriegrün bestreut servieren.

Mais enthält im Keim viel zellschützendes Vitamin E und insgesamt viele „langsame" Kohlenhydrate und Ballaststoffe. Ergänzt durch die eiweißreichen Muscheln ein echter Sattmacher.

- Sie können auch ca. 5 **Safranfäden** benutzen. Diese vorher im Mörser zu Pulver zerreiben oder mit einem Messer hacken.

- Mit Schale sehen **Miesmuscheln** attraktiver aus. Wenn Sie das Auslösen schreckt, können Sie alternativ auch 100 g Muschelfleisch in die Suppe geben. Und wer mag, kann die Suppe auch pürieren, bevor die Muscheln zugegeben werden.

MULLIGATAWNY-SUPPE

40 Min. – 2 Portionen
376 kcal, 13 g F, 31 g KH, 4 g B, 32 g E

200 g Hähnchenbrust // Salz // 1–2 Msp. Cayennepfeffer //
je 1 TL gemahlene Kurkuma und Kreuzkümmel //
500 ml Hühnerbrühe (s. Seite 25) // 40 g rote Linsen //
250 g Kartoffeln // 1 Stück Ingwer (1 cm) // 1 Knoblauchzehe //
1 kleine Zwiebel // ½ Bund Petersilie // 2 EL Rapsöl //
1–2 TL Zitronensaft

1 Hähnchenbrust abspülen, trocken tupfen, in 2 cm große Stücke schneiden und mit Salz bestreuen. Gewürze miteinander vermischen, in das Fleisch einarbeiten und ziehen lassen.
2 Brühe mit Linsen aufkochen und 30 Min. köcheln lassen. Kartoffeln putzen, schälen, in Würfel schneiden und in den letzten 15 Min. in der Brühe mitgaren.
3 Die Suppe cremig pürieren. Ingwer, Knoblauch und Zwiebel schälen, fein hacken und in einer Pfanne in 1 EL Öl dünsten, dann herausnehmen. Petersilie hacken.
4 Das restliche Öl mit dem Fleisch in die Pfanne geben und dieses kräftig anbraten, bis es anfängt anzusetzen. Zusammen mit Zwiebelmix zur Suppe geben und weitere 5 Min. darin garen. Mit Zitronensaft abschmecken und mit Petersilie bestreut servieren.

Die Proteine aus **Kartoffel, Linsen und Hähnchenfleisch** bilden einen gesunden Eiweißmix, den der Körper besonders gut verwerten kann. Die cremige Konsistenz und die kräftigen Gewürze schmeicheln Körper und Seele.

○ Statt mit Hähnchen schmeckt diese Suppe auch mit **Cashewkernen** oder gebratenem Tofu als Einlage.

Galbani
N°1 IN ITALIA

ONE-POT-BLUMENKOHL-PASTA

30 Min. – 2 Portionen
452 kcal, 5 g F, 81 g KH, 12 g B, 18 g E

400 g Blumenkohl // 100 g Zuckerschoten // 200 g kurze Hartweizennudeln (z. B. Makkaroni oder Hörnchen, Kochzeit ca. 10 Min.) // Salz // Pfeffer // 2 EL Schmand // 1 EL Kapern (getrocknet und gesalzen) // Chiliflocken

1 Den Blumenkohl putzen und in kleine Röschen teilen, Strunk klein schneiden. Zuckerschoten putzen und schräg halbieren.
2 Vorbereitetes Gemüse mit den Nudeln in einem großen Topf gut vermischen. 700 ml Wasser angießen, mit Salz und Pfeffer würzen und alles zum Kochen bringen, ca. 10 Min. köcheln lassen. Gelegentlich umrühren.
3 Schmand zugeben und die Pasta durchrühren und abschmecken, auf Wunsch mit Kapern und Chiliflocken bestreut servieren.

Blumenkohl enthält neben reichlich Vitamin C auch die kohltypischen Glucosinolate. Im Vergleich zu anderen Kohlsorten ist Blumenkohl aber leicht bekömmlich.

ONE-POT-PILZ-PASTA

25 Min. – 2 Portionen
496 kcal, 20 g F, 52 g KH, 16 g B, 28 g E

400 g Champignons // 2 Knoblauchzehen // 2 Frühlingszwiebeln // 4 Zweige Thymian // 1 Bund Rucola // 30 g geröstete Erdnüsse // 150 g kurze Bandnudeln (Kochzeit 8 Min.) // 600 ml Gemüsebrühe (ersatzweise Pilzbrühe) // 1 EL Erdnussbutter // Salz // Pfeffer

1 Champignons putzen, mit einem Geschirrtuch abreiben und vierteln. Knoblauch schälen und fein hacken. Frühlingszwiebeln putzen und in Ringe schneiden. Thymianblättchen abzupfen. Rucola putzen und grob hacken, Erdnüsse hacken.
2 Pilze mit Bandnudeln, Knoblauch, Frühlingszwiebeln, Thymian, Gemüsebrühe und Erdnussbutter in einen großen Topf geben. Unter Rühren aufkochen und ca. 8 Min. bei gelegentlichem Umrühren garen. Zum Schluss mit Salz und Pfeffer würzen.
3 Rucola am Ende unterheben. Erdnüsse über die fertige Pasta streuen.

Champignons enthalten Vitamin D, das vor allem in der dunklen Jahreszeit knapp werden kann. Rucola macht die Pilze mit seinen Senfölen besser verträglich.

HOT HÜHNERPOT

30 Min. – 2 Portionen
361 kcal, 4 g F, 33 g KH, 9 g B, 47 g E

600 ml Hühnerbrühe (ersatzweise Gemüsebrühe) // 1 Stück Ingwer (2 cm) // 1 Knoblauchzehe // 1 TL rote Pfefferkörner // 300 g Hähnchenbrust // 50 g Rucola // 75 g Vollkorn-Fusilli // 150 g Erbsen (TK) // 2 TL Pesto verde // Salz // einige schwarze Pfefferkörner

1 Brühe aufkochen. Dabei Ingwer und Knoblauch schälen, Pfefferkörner zerdrücken. Fleisch abspülen und trocken tupfen. Rucola putzen. Ingwer und Knoblauch in die Brühe pressen, Pfefferkörner zugeben. Sobald die Brühe kocht, das Fleisch im Ganzen einlegen und ca. 10 Min. bei niedriger Temperatur und geschlossenem Deckel garen.

2 Gares Fleisch aus dem Topf nehmen und die Brühe nochmals aufkochen. Nudeln zufügen und ca. 10 Min. al dente garen. Erbsen zugeben und heiß werden lassen.

3 Das abgekühlte Fleisch in dünne Scheiben schneiden. Mit Rucola zur Brühe geben und mit Pesto, Salz und frisch zerstoßenem Pfeffer abschmecken.

Die ätherischen Öle aus **Ingwer und rotem Pfeffer** geben dem Gericht eine anregende Schärfe. Zusammen mit den Senfölen im Rucola regen sie die Verdauung an.

○ Statt Vollkornnudeln passen auch asiatische Mie-Nudeln. Sie liefern etwas weniger Ballaststoffe, sind aber viel schneller gar.

BUNTER EINTOPF

30 Min. – 2 Portionen
358 kcal, 16 g F, 39 g KH, 8 g B, 14 g E

200 g Kohlrabi mit Grün // 200 g Möhren // 300 g Kartoffeln (vorwiegend festkochend) // ½ Bund Schnittlauch // 1 EL Rapsöl // Salz // Pfeffer // 50 g Erbsen (frisch ausgepalt oder TK) // 50 ml Sahne // 1 EL Zitronensaft // 100 g Mini-Mozzarella

1 Kohlrabi, Möhren und Kartoffeln putzen, schälen und in ca. 1 cm große Würfel schneiden. Das Kohlrabigrün fein hacken. Schnittlauch in kleine Röllchen schneiden.
2 Das Öl in einem Topf erhitzen und die Gemüsewürfel ca. 2 Min. darin andünsten. Mit 350 ml Wasser ablöschen, salzen und pfeffern und bei geschlossenem Deckel ca. 10 Min. garen.
3 Kohlrabigrün zusammen mit Schnittlauch, Erbsen und Sahne zum Gemüse geben. 2 Min. bei geringer Hitze ziehen lassen. Mit Zitronensaft, Salz und Pfeffer abschmecken. Vor dem Servieren Mini-Mozzarella einlegen.

Die zarten **Kohlrabiblätter** enthalten doppelt so viel Vitamin C wie die ebenfalls vitaminreiche Knolle. Deshalb immer mitverwenden!

FRÜHLINGS-MINESTRONE

35 Min. – 2 Portionen
324 kcal, 12 g F, 28 g KH, 20 g B, 25 g E

½ Bund Frühlingszwiebeln // 1 Möhre // 350 g frische dicke Bohnen (ersatzweise 100 g dicke Bohnen aus der Dose) // 100 g Zuckerschoten // 250 g grüner Spargel // 1 EL Olivenöl // 50 g Schinkenwürfel // 500 ml Gemüsebrühe (ersatzweise Hühnerbrühe) // Salz // Pfeffer // 2 Lorbeerblätter

1 Gemüse putzen. Frühlingszwiebeln in feine Ringe schneiden, Möhre würfeln. Bohnen von der Schale befreien, Zuckerschoten in Stücke schneiden. Spargel frisch anschneiden, im unteren Drittel schälen und ebenfalls in Stücke schneiden.
2 Öl in einem Topf erhitzen und Zwiebeln, Möhre und Schinken darin andünsten. Dann Bohnen, Zuckerschoten und Spargel zugeben und mit Brühe ablöschen. Mit Salz und Pfeffer würzen und mit den Lorbeerblättern ca. 15 Min. bei geringer Hitze gar köcheln.
3 Ein Drittel des Gemüses herausnehmen und mit etwas Brühe pürieren, wieder zur Suppe geben. Nach Bedarf mit etwas Wasser verdünnen. Mit Salz und Pfeffer abschmecken.

SOMMERGEMÜSETOPF

45 Min. – 4 Portionen
322 kcal, 21 g F, 17 g KH, 9 g B, 15 g E

1 Aubergine (ca. 400 g) // 3 EL Rapsöl // Salz // Pfeffer // 1 Zwiebel //
1 Knoblauchzehe // 500 g Zucchini // 2 Paprikaschoten // ein paar Zweige Rosmarin
und Thymian // 1 EL Tomatenmark // 2 Dosen stückige Tomaten (à 400 g) //
1 Dose Kidneybohnen (400 g, Abtropfgewicht 255 g) //
4 TL Pesto verde // 60 g geriebener Parmesan

1 Backofengrill vorheizen. Aubergine putzen und in Würfel schneiden. Mit 2 EL Öl mischen. Auf einem Blech mit Backpapier auslegen und für ca. 5 Min. von allen Seiten grillen. Mit Salz und Pfeffer würzen.

2 Zwiebel und Knoblauch schälen und fein hacken. Zucchini und Paprika putzen, Paprika von Samen und Scheidewänden befreien und mit Zucchini in mundgerechte Würfel schneiden. Rosmarinnadeln und Thymianblättchen abzupfen und klein hacken.

3 Restliches Öl in einem Topf erhitzen und zunächst Zwiebel und Knoblauch darin andünsten, dann Tomatenmark zugeben und kurz mitrösten. Zucchini- und Paprikawürfel zufügen und braten, bis es droht anzusetzen. Tomaten, Bohnen samt Sud, Rosmarin und Thymian sowie 100 ml Wasser zum Gemüse geben und 5 Min. köcheln. Gegrillte Aubergine unterrühren und heiß werden lassen.

4 Suppe mit Salz und Pfeffer abschmecken. Mit Pesto und Parmesan anrichten.

Dieser Eintopf liefert einen **Wohlfühlmix** aus magenberuhigenden Schleimstoffen, zellschützenden Karotinen und verdauungsanregenden Ballaststoffen.

O An heißen Sommertagen kalt servieren: Einfach direkt aus dem Kühlschrank auftischen, Pesto weglassen, Parmesan durch 100 g Feta ersetzen und die Suppe damit bestreuen.

WINTERMINESTRONE

50 Min. + 12 Std. Einweichen – 4 Portionen
332 kcal, 15 g F, 37 g KH, 9 g B, 12 g E

80 g kleine getrocknete weiße Bohnen (ersatzweise 160 g Bohnen aus der Dose) // 150 g Wirsing // 4 getrocknete Tomaten // 1 Lauch (ca. 100 g) // 200 g Kürbisfleisch // 30 g Speck // 1 kleine Zwiebel // 1 Knoblauchzehe // 60 g Suppennudeln // Salz // Pfeffer

1 Bohnen abbrausen und in 250 ml Wasser mind. 12 Std. (am besten über Nacht) einweichen.
2 Das Einweichwasser samt Bohnen und mit 250 ml frischem Wasser aufkochen und ca. 40 Min. köcheln lassen.
3 Inzwischen Wirsing putzen und in Streifen schneiden. Getrocknete Tomaten klein hacken. Beides nach 10 Min. zum Bohnentopf geben.
4 Lauch putzen, der Länge nach aufschlitzen, waschen und in Ringe schneiden. Kürbisfleisch würfeln und zusammen mit dem Lauch in den letzten 15 Min. der Garzeit in der Suppe mitkochen.
5 Währenddessen den Speck in Würfel schneiden und in einer heißen Pfanne auslassen. Zwiebel und Knoblauch schälen und fein hacken. Dann Speck mit Zwiebel und Knoblauch knusprig braten.
6 Kurz vor Ende der Garzeit die Suppe noch einmal aufkochen, die Nudeln zufügen und die restlichen Minuten bissfest garen. Mit Salz und Pfeffer würzen. Mit Speckzwiebeln anrichten.

Wirsing steckt voller Eisen und Glucosinolate. Diese besonderen Stoffe im Kohl wirken sich positiv auf die Darmgesundheit aus. Kürbis ist reich an Karotin und stärkt die Abwehrkräfte.

○ **Hokkaidokürbis** muss nicht geschält werden.

○ Wer möchte, kann pro Teller noch 1 TL **Basilikumpesto** in die Minestrone geben oder geriebenen Parmesan dazureichen.

Griechischer FISCHTOPF

35 Min. – 2 Portionen
440 kcal, 18 g F, 25 g KH, 4 g B, 42 g E

300 g Kartoffeln // 300 g gemischtes Fischfilet // ½ Bio-Zitrone // 250 g Blattspinat // 500 ml Fischfond // 1 TL getrockneter Oregano // Salz // Pfeffer // 100 g Feta

1 Kartoffeln putzen, schälen und in Würfel schneiden. Das Fischfilet abspülen, trocken tupfen und grob würfeln. Zitrone heiß abwaschen und trocken tupfen, die Schale fein abreiben und den Saft auspressen. Blattspinat verlesen, waschen und hacken.
2 Fond mit Oregano aufkochen lassen, Kartoffeln zugeben und 10–15 Min. darin garen. Fisch mit Zitronenschale und -saft sowie mit Salz und Pfeffer würzen.
3 Fischfilet samt Marinade mit dem Spinat zu den Kartoffeln geben. Einmal aufkochen und 3–4 Min. ziehen lassen. Zum Servieren Feta über die Suppe bröseln.

Beim Fischfilet gern fettreiche Sorten wie Makrele oder Lachs verwenden. Die enthaltenen Omega-3-Fettsäuren machen fit, nicht dick.

Zweierlei LINSENSUPPE

40 Min. – 2 Portionen
358 kcal, 14 g F, 36 g KH, 12 g B, 21 g E

½ Bund Suppengemüse (ca. 350 g, Möhren, Knollensellerie, Lauch) // 1 Knoblauchzehe // 80 g Räuchertofu // 1 EL Rapsöl // 500 ml Gemüsebrühe // 50 g rote Linsen // 50 g grüne Linsen // 2 EL dunkler Balsamicoessig // Worcestersauce // Salz // Pfeffer // 1 Stück Meerrettich

1 Suppengemüse putzen, ggf. schälen und mundgerecht würfeln. Knoblauch schälen und fein hacken. Räuchertofu in Würfel schneiden.
2 Suppengemüse und Knoblauch in einem tiefen Topf in Öl ca. 8 Min. kräftig bei starker Hitze anbraten. Mit Gemüsebrühe ablöschen.
3 Linsen zufügen. Einmal aufkochen lassen, dann abgedeckt 15–20 Min. garen. Mit Essig, Worcestersauce, Salz und Pfeffer kräftig würzen. Räuchertofu zugeben und heiß werden lassen.
4 Meerrettich schälen, reiben und die Suppe damit abschmecken.

Linsen enthalten hochwertiges pflanzliches Eiweiß und machen lange satt.

GRÜNKERN-STEW
mit Kalbsklößchen

30 Min. – 2 Portionen
340 kcal, 33 g KH, 12 g F, 14 g B, 25 g E

300 g Möhren // 200 g Knollensellerie // 1 Knoblauchzehe // 1 EL Butter // 60 g Grünkernschrot // 600 ml Gemüsebrühe // 150 g Kalbsbrät // 200 g gehackter Spinat (TK) // Salz // Pfeffer // Muskat

1 Möhren und Sellerie putzen, Sellerie schälen und beides in kleine Würfelchen schneiden. Knoblauch schälen. Gemüsewürfel in Butter andünsten, Knoblauch dazupressen und alles ca. 5 Min. garen.

2 Grünkern zufügen und kurz mitdünsten. Mit Gemüsebrühe ablöschen und 10 Min. köcheln lassen.

3 Aus dem Kalbsbrät kleine Klößchen formen und zur Suppe geben.

4 Spinat in der Suppe auftauen lassen und alles noch einmal aufkochen. Mit Salz, Pfeffer und Muskat würzen und servieren.

Grünkern verleiht dieser Suppe eine markante Würze. Gleichzeitig liefert er Zink und Magnesium und ist besonders magenmild und leicht bekömmlich.

○ Wer mag, kann die Suppe mit **2 EL Sahne** abrunden. Statt Kalbsklößchen passen auch hart gekochte Eier als Topping.

STÄRKENDE HÜHNERKRAFTSUPPE
mit Sellerie

25 Min. – 2 Portionen
482 kcal, 18 g F, 38 g KH, 8 g B, 42 g E

300 g Staudensellerie mit Grün (für das Grün ersatzweise ½ Bund Petersilie) // 50 g ganze Mandeln // 2 Zweige Rosmarin // 250 g Hähnchenbrustfilet // 500 ml Hühnerbrühe (ersatzweise Mittelmeer-Bouillon, s. Seite 25) // 80 g Buchweizen // 1–2 EL Orangenmarmelade // 1 EL Rapsöl // Salz // Pfeffer

1 Sellerie putzen und in 5 mm große Stücke schneiden. Grün abtrennen, grob hacken und beiseitelegen. Mandeln grob hacken. Rosmarinnadeln abstreifen und hacken. Hähnchenfleisch abspülen, trocken tupfen und in 1 cm große Würfel schneiden. Brühe aufkochen und Selleriestücke und Mandeln zusammen mit Buchweizen und Rosmarin hineingeben. Bei geschlossenem Deckel ca. 10 Min. kochen.

2 Etwa ein Viertel der Suppe abnehmen und zusammen mit der Marmelade pürieren. Zurück zur restlichen Suppe geben und aufkochen.

3 Fleisch in Öl in einer kleinen Pfanne rundherum braun anbraten. Dabei salzen und pfeffern. Suppe ebenfalls würzen und das Fleisch hineingeben. Mit Grün bestreut servieren.

Geflügel, Mandeln und Buchweizen liefern Eiweiß. Das gibt Kraft. Im Buchweizen stecken außerdem die Aminosäuren Lysin und Tryptophan – für gute Laune und starke Nerven.

○ Statt Sellerie können Sie Fenchel verwenden. Er ist reich an ätherischen Ölen und kann Magenbeschwerden lindern.

KICHERERBSEN-TOMATEN-STEW

40 Min. – 2 Portionen
393 kcal, 14 g F, 48 g KH, 13 g B, 16 g E

200 g Kartoffeln // 2 Knoblauchzehen // 1 Lauch (ca. 200 g) //
1 rote Paprikaschote // 2 EL Rapsöl // 1 Dose Tomaten (400 g) //
1 Dose Kichererbsen (400 g, Abtropfgewicht 265 g) //
1 TL getrocknete italienische Kräuter // Salz // Pfeffer

1 Kartoffeln putzen, schälen und in mundgerechte Würfel schneiden. Knoblauch schälen und klein würfeln. Lauch putzen, der Länge nach aufschlitzen und waschen. Paprika putzen, von Samen und Scheidewänden befreien. Lauch in 1 cm breite Ringe, Paprika in 1 cm große Würfel schneiden.

2 Öl in einer tiefen Pfanne erhitzen und die Kartoffeln 5 Min. darin anbraten, dann das restliche vorbereitete Gemüse zugeben und weitere 5 Min. dünsten. Tomaten mit Saft und die abgetropften Kichererbsen zufügen. Mit den Kräutern, Salz und Pfeffer würzen, zugedeckt 10–15 Min. köcheln lassen. Evtl. noch etwas Wasser zugeben.

Die Kombi aus **Kartoffeln und Kichererbsen** liefert eine ideale Eiweißmischung. Der Eintopf sättigt ohne zu belasten und gibt Kraft für den Tag.

O **Grünkohlchips** als Topping (s. Seite 164) schmecken nicht nur toll, sondern ergänzen den Eintopf mit einer Extraportion Eisen.

THAILÄNDISCHER GEMÜSE-NUDEL-TOPF

30 Min. – 2 Portionen
541 kcal, 16 g F, 68 g KH, 8 g B, 31 g E

250 g grüne Bohnen // 1 Bund Frühlingszwiebeln // 120 g Reisbandnudeln // 1 Stück Ingwer (ca. 1 cm) // 200 g Rinderfilet // 1 EL grüne Currypaste // 2 EL helle Sojasauce // 150 ml Kokosmilch // 300 ml Gemüsebrühe (ersatzweise Kraftbrühe)

1 Bohnen und Frühlingszwiebeln putzen. Bohnen je nach Größe halbieren oder ganz lassen. Weißes der Zwiebeln in Ringe, Grün in gröbere Stücke schneiden.

2 Nudeln mit kochendem Wasser übergießen und ca. 5 Min. quellen lassen, dann abgießen.

3 Ingwer schälen und reiben. Rinderfilet abspülen, trocken tupfen und in Streifen schneiden. Ingwer mit Currypaste und Sojasauce verrühren und Fleisch darin marinieren.

4 Kokosmilch und Gemüsebrühe zusammen aufkochen und Bohnen und weiße Zwiebelringe darin 15–20 Min. garen. In den letzten 2–3 Min. Zwiebelgrün, Nudeln und Fleisch samt Marinade zugeben. Nochmals mit Sojasauce abschmecken und servieren.

Currypaste und Ingwer heizen ordentlich ein und bringen den Kreislauf in Schwung. Achten Sie beim Kauf der Knollen auf feste Exemplare. Schrumpelige Wurzeln sind holzig und nicht mehr so geschmacksintensiv.

- Erst ganz am Ende abschmecken, denn die Hauptwürze kommt durch die Marinade.

Milder LINSEN-CURRY-TOPF

40 Min. – 2 Portionen
478 kcal, 34 g F, 40 g KH, 10 g B, 28 g E

100 g Kartoffeln // 1 Msp. Safranpulver // 1 Knoblauchzehe // 600 ml Gemüsebrühe (ersatzweise Fleischbrühe) // 100 g gelbe Linsen // 1 TL mildes Currypulver // 25 g getrocknete Aprikosen // 25 g gemahlene Mandeln // Salz // Pfeffer // 3 TL Zitronensaft // 80 g Halloumi // 1 TL Rapsöl // 2 EL Schnittlauchröllchen

1 Kartoffeln putzen, schälen und in Würfel schneiden. Safran in wenig warmem Wasser einweichen. Knoblauch schälen und fein hacken. Kartoffeln in der Brühe ca. 15 Min. weich kochen. Nach 5 Min. die Linsen mitgaren lassen.

2 Safran und Knoblauch mit Curry zur Suppe geben. Aprikosen würfeln und mit den Mandeln zufügen. Mit Salz, Pfeffer und Zitronensaft würzen.

3 Halloumi würfeln. Öl in einer kleinen Pfanne erhitzen und den Käse anbraten. Zusammen mit Schnittlauch über die angerichteten Teller verteilen.

Gelbe Linsen sind geschält und deshalb besonders magenmild. Außerdem ist ihre Garzeit viel geringer als die von braunen oder schwarzen Linsen. Die Süße von Aprikosen und Mandeln verstärkt die wohltuende Wirkung.

- Wer keine gelben Linsen bekommt, kann auch rote verwenden.
- Anstelle von Safranpulver können Sie 5 Fäden im Mörser zerreiben oder mit einem Messer hacken und anschließend wie beschrieben einweichen.

Milde HÜHNER-KOKOS-SUPPE

60 Min. – 4 Portionen
437 kcal, 21 g F, 24 g KH, 4 g B, 37 g E

1 Möhre (100 g) // 1 kleiner Lauch (150 g) // 3 Limettenblätter // 1 kleines küchenfertiges Hähnchen (ca. 800 g) // 500 g Blattspinat // 100 g Basmatireis // 200 ml Kokosmilch // 1 Msp. Chilipulver // Salz // Sojasauce

1 Möhre und Lauch putzen, Lauch der Länge nach aufschlitzen, waschen und zusammen mit der Möhre nur grob zerteilen. Mit 1,2 l Wasser, Limettenblättern und Hähnchen in einem Topf zum Kochen bringen, 40 Min. garen.

2 Spinat verlesen, waschen, Stiele entfernen und Blätter grob zerkleinern. Die Brühe durch ein Sieb gießen und auffangen. Haut vom Huhn entfernen, das Fleisch von den Knochen lösen und zusammen mit Möhre und Lauch klein schneiden. Reis in der Brühe in 5 Min. bissfest garen, dann Spinat zufügen und zusammenfallen lassen.

3 Kokosmilch, Hähnchenfleisch und Gemüse in die Suppe geben. Nochmals erhitzen und mit Chilipulver, Salz und Sojasauce würzen.

Spinat und Hähnchen enthalten viel Eisen. Der zarte Reis und die cremige Kokosmilch machen diesen Eintopf zu Soul Food. Hilft garantiert gegen Durchhänger.

○ Diese Suppe ist ein tolles **Vorratsrezept** und eignet sich auch zum Einfrieren. Dann den Reis aber lieber erst nach dem Auftauen zugeben, weil er sonst zu stark quillt.

TOMATEN-WILDREIS-SUPPE
mit Fischklößchen

35 Min. – 2 Portionen
487 kcal, 11 g F, 67 g KH, 9 g B, 28 g E

80 g Wildreis // 250 ml Tomatensaft // Salz // 1 Zwiebel // 500 g vollreife Tomaten // 2 Scheiben altbackenes Brot // 5–6 EL Milch // 1 EL Rapsöl // 1 TL Honig // Pfeffer // ½ Bund Basilikum // 200 g Fischfilet (frisch oder TK) // 1 Ei

1 Reis in einem kleinen Topf ohne Fett erhitzen, Tomatensaft angießen, aufkochen, salzen und bei geschlossenem Deckel ca. 15 Min. quellen lassen.

2 Zwiebel schälen und in feine Würfel schneiden. Tomaten vom Stielansatz befreien, grob zerschneiden. Brotscheiben in lauwarmer Milch einweichen.

3 Zwiebel in Öl glasig dünsten. Honig und dann die Tomaten zugeben, mit Salz und Pfeffer würzen und zugedeckt 15 Min. sanft kochen lassen.

4 Basilikumblätter abzupfen. Fischfilet abspülen, trocken tupfen, würfeln. Basilikum mit Fisch und Ei zum Brot geben und mit dem Pürierstab zu Mus zerkleinern, dann mit Salz und Pfeffer würzen. Fischfarce mit einem nassen Esslöffel abstechen und in die heiße Suppe geben. Noch ca. 10 Min. ziehen lassen. Wenn nötig, etwas verdünnen. Den Reis zufügen, abschmecken und servieren.

Seefisch liefert wertvolles Jod für eine gesunde Schilddrüse. Ist der Fisch fett wie Lachs, Hering oder Makrele, kommen noch gesunde Omega-3-Fettsäuren dazu.

O Wenn Sie kein altbackenes Brot haben, können Sie das Fischfilet auch mit 3 EL zarten Haferflocken und 50 g Schmand pürieren und zu Klößchen formen. Dann auch Milch und Ei weglassen.

SAUERKRAUTSUPPE
mit Trauben

35 Min. – 2 Portionen
399 kcal, 18 g F, 27 g KH, 7 g B, 28 g E

1 Zwiebel // 200 g Kartoffeln // 2 EL Rapsöl // Salz // Pfeffer // 200 g Kasseler // 400 g frisches Sauerkraut // 100 g kleine blaue Weintrauben // Paprikapulver edelsüß // 1 EL Tomatenmark // 50 g Schmand

1 Die Zwiebel schälen und fein würfeln. Kartoffeln putzen, schälen und in ca. 1 cm große Würfel schneiden. Beides in einem Topf in Öl ca. 8 Min. andünsten, bis es beginnt anzusetzen. Dann mit 400 ml Wasser aufgießen, salzen und pfeffern. Zugedeckt ca. 10 Min. knapp garen.

2 Inzwischen das Kasseler in 1 cm große Würfel schneiden. Sauerkraut abbrausen, abtropfen lassen und hacken. Die Trauben waschen und halbieren. Wenn die Kartoffeln knapp gar sind, Kasselerwürfel, Sauerkraut und Trauben zugeben, mit Paprikapulver und Tomatenmark würzen. Noch 5 Min. köcheln lassen.

3 Sauerkrautsuppe mit Salz und Pfeffer abschmecken und den Schmand unterrühren.

Sauerkraut, besonders frisches, ist reich an Vitamin C. Das stärkt die Abwehrkräfte. Durch das Säuern werden die Kohlenhydrate zu einem Großteil abgebaut, die wohltuenden Ballaststoffe bleiben jedoch erhalten.

LINSEN-TOMATEN-CREMESUPPE

30 Min. – 2 Portionen
420 kcal, 21 g F, 38 g KH, 14 g B, 18 g E

200 g Knollensellerie // 80 g schwarze Oliven (entkernt) // 1 Bund Koriander // 1 EL Olivenöl // 1 Dose stückige Tomaten (400 g) // 120 g rote Linsen // Salz // Pfeffer // 1 TL Oregano // Worcestersauce // 2 EL Crème fraîche

1 Sellerie putzen, schälen und klein würfeln. Oliven in Ringe schneiden. Korianderblätter abzupfen und hacken.
2 Öl in einem weiten Topf erhitzen und Sellerie darin kurz anbraten. Tomaten, Linsen und 200 ml Wasser zugeben und alles 15–20 Min. köcheln.
3 Suppe mit Salz, Pfeffer, Oregano und Worcestersauce würzen, Crème fraîche unterrühren. Oliven und Koriander zum Anrichten über die Suppe streuen.

Sellerie ist eine starke Waffe gegen hohen Blutdruck und Übergewicht. Seine ätherischen Öle sorgen außerdem für den würzigen Geschmack. Zusammen mit den Linsen liefert er besonders viele Ballaststoffe.

○ Als Topping passen **ausgebackene Salbeiblätter** (s. Seite 160).

MAIS-GRIESS-SUPPE *mit Tomate*

40 Min. – 2 Portionen
338 kcal, 15 g F, 37 g KH, 7 g B, 14 g E

1 Maiskolben // 400 ml Gemüsebrühe // 1 Fleischtomate (400 g) // ½ Bund Petersilie // 1 EL Butter // 40 g Polenta // 300 ml Milch // 2 Eigelb

1 Maiskolben in der Brühe ca. 10 Min. kochen. Dann abtropfen lassen und der Länge nach die Körner vom Kolben schneiden.
2 Tomate vom Stielansatz befreien und überbrühen. Kurz abkühlen lassen, dann schälen und in Würfel schneiden. Petersilie hacken.
3 Butter in einem Topf erhitzen und die Polenta kurz anschwitzen. Mit Maisbrühe und Milch ablöschen und zugedeckt ca. 10 Min. köcheln.
4 Eigelbe mit etwas Suppe vermengen und in die nicht mehr kochende restliche Suppe geben. Maiskörner und Tomatenwürfel zufügen und heiß werden lassen. Petersilie kurz vor dem Servieren über die Suppe streuen.

○ **Außerhalb der Maissaison** können Sie auch 200 g Mais aus der Dose verwenden. Dieser ist schon gar und muss nur noch erhitzt werden.

TOPPINGS UND EINLAGEN

Kleine KÄSEKLÖPSE

10 Min. – 2 Portionen
137 kcal, 4 g F, 13 g KH, 1 g B, 12 g E

100 g Magerquark // 25 g geriebener Emmentaler // 2–3 EL Semmelbrösel // Salz // Pfeffer // Muskat

1 Quark mit Käse und Semmelbröseln verkneten und mit Salz, Pfeffer und Muskat kräftig würzen.
2 Brühe aufkochen und mit zwei angefeuchteten Teelöffeln kleine Klößchen abstechen. In der heißen Brühe 5–7 Min. gar ziehen.

Die Kombi aus **Quark und Emmentaler** liefert viel gut verwertbares Eiweiß und Kalzium für starke Knochen und Zähne. Muskat regt die Verdauung an und wirkt krampflösend.

○ Die Klößchen sind eine tolle Resteverwertung. Besonders mild schmecken sie mit Gouda oder Butterkäse, kräftiger mit Appenzeller oder Gruyère.

Körnige QUINOA-BALLS

10 Min. – 4 Portionen
181 kcal, 11 g F, 17 g KH, 2 g B, 5 g E

50 g Canihua (Mini-Quinoa) // 50 g Weizenmehl (Type 1050) // 40 g weiche Butter // 1 Ei // Muskat // Salz // Ras el Hanout (marokkanische Gewürzmischung)

1 Alle Zutaten mit dem Handrührgerät zu einer einheitlichen Masse verarbeiten. Ca. 5 Min. ziehen lassen.
2 Mit zwei Teelöffeln kleine Klößchen aus dem Teig formen und in heißer Brühe oder Suppe 5 Min. garen.

Das Pseudogetreide liefert alle essenziellen **Aminosäuren**, zudem B-Vitamine, Eiweiß, Kalium, Magnesium und Eisen – ein kleines Wunderkorn!

○ Wenn Sie nur normale **Quinoa** zu Hause haben, können Sie auch diese verwenden. Allerdings sollte sie vorher grob geschrotet werden, sonst wird sie nicht so schnell gar.

MATCHA-FLÄDLE

15 Min. + 10 Min. Quellen – 2 Portionen
146 kcal, 9 g F, 11 g KH, 1 g B, 6 g E

1 Ei // 30 g Mehl // 1 Prise Salz //
1 TL Matcha-Pulver // 50 ml Milch //
2 EL gehackte grüne Kräuter // 2 TL Rapsöl

1 Ei, Mehl, Salz und Matcha-Pulver mischen. Mit der Milch einen Pfannkuchenteig anrühren. Alles 10 Min. quellen lassen.
2 Kräuter unter den Teig ziehen. In einer Pfanne mit je 1 TL Öl zwei Pfannkuchen ausbacken.
3 Anschließend aufrollen, in Scheiben schneiden und Flädleschnecken tellerweise in heiße Suppe geben.

Matcha-Pulver wird aus vermahlenen Grünteeblättern hergestellt. Es enthält im Vergleich zu einem herkömmlichen Grünteeaufguss ein Vielfaches an Antioxidantien. Mit seinem satten Grün macht es jedes Gericht zu einem Hingucker.

O Die Pfannkuchen vor dem Aufrollen mit je 1 EL Frischkäse bestreichen.

EIERSTICH *oder* -STREIFEN

10 Min. + 20–30 Min. Backen – 2 Portionen
120 kcal, 9 g F, 2 g KH, 0 g B, 8 g E

2 Eier // 4 EL Milch // 1 EL gehackte Kräuter (z. B. Petersilie, Schnittlauch, Kerbel, Estragon) // Salz // Pfeffer // Muskat //
Außerdem: etwas Butter für die Form

1 Backofen auf 180 °C vorheizen. Eier mit Milch und Kräutern verquirlen. Mit Salz, Pfeffer und Muskat würzen.
2 Eine feuerfeste Form oder breite Tasse buttern und die Eiermasse einfüllen. Mit Alufolie abdecken. Im Wasserbad im heißen Ofen 20–30 Min. stocken lassen. Etwas abkühlen lassen und in Rauten, Streifen oder Würfel schneiden und in die heiße Suppe geben.

Eier machen mit ihrem Eiweiß jede Suppe sättigender. Frische Kräuter peppen nicht nur optisch auf, sondern regen auch die Verdauung an und liefern Mineralien, Chlorophyll und viele sekundäre Pflanzenstoffe.

HIRSEBÄLLCHEN

15 Min. + 30 Min. Quellen – 4 Portionen
146 kcal, 8 g F, 12 g KH, 1 g B, 6 g E

30 g Butter // 1 Ei // 60 g Hirsemehl // 100 g Magerquark // Salz // Muskat

1 Butter zerlassen, Ei trennen und das Eiweiß zunächst beiseitestellen. Butter und Eigelb mit Mehl und Quark verkneten, salzen und mit Muskat würzen. Alles 30 Min. quellen lassen.
2 Eiweiß steif schlagen und unter die gequollene Hirsemasse ziehen. Mit zwei Teelöffeln kleine Bällchen formen und in der offen köchelnden Brühe 8–10 Min. garen.

Hirse ist der Eisen-Star unter den Getreidesorten und unterstützt die Blutbildung. Ihr Magnesiumgehalt ist gut für Muskeln und die Gesundheit unserer Nerven.

POLENTANOCKERL

15 Min. – 4 Portionen
103 kcal, 7 g F, 6 g KH, 1 g B, 4 g E

80 g Polenta // 200 ml Milch // 20 g geriebener Parmesan // 1 EL Schmand // Salz

1 Polenta in der Milch aufkochen und 5–7 Min. unter gelegentlichem Rühren zu einem Brei garen.
2 Parmesan und Schmand unterrühren, etwas salzen und abkühlen lassen. Ca. 16 Klößchen abstechen und in der Suppe mit heiß werden lassen.

Polenta besteht aus Maisgrieß und liefert Sattmacher-Kohlenhydrate. Eine schnelle, einfache und magnesiumreiche Einlage.

○ Gelingt auch mit **Weizen- oder Dinkelgrieß**. Allerdings sind die Klößchen dann nicht so schön gelb.

KICHERERBSEN-SPÄTZLE

5 Min. + 10 Min. Quellen – 2 Portionen
170 kcal, 4 g F, 23 g KH, 5 g B, 10 g E

1 Ei // 40 g Weizenmehl (Type 1050) // 40 g Kichererbsenmehl // Salz

1 Ei mit 2 EL Wasser verquirlen. Beide Mehlsorten und etwas Salz einrühren und den Teig 10 Min. quellen lassen.

2 Teig in eine Spätzlepresse geben und in die kochende Brühe drücken. 2–3 Min. sieden lassen, bis die Spätzle oben schwimmen.

Kichererbsen sind eine wichtige Protein- und Eisenquelle für Vegetarier. Auch in gemahlener Form können ihre Nährstoffe voll aufgenommen werden.

○ Statt Kichererbsenmehl können Sie auch anderes **Hülsenfruchtmehl** verwenden, z. B. Linsen- oder Erbsenmehl.

GEMÜSE-SPAGHETTI

10 Min. – 2 Portionen
24 kcal, 0 g F, 4 g KH, 2 g B, 1 g E

200 g festes Gemüse wie Möhren, Kohlrabi, Rettich oder Zucchini

1 Gemüse putzen. Mit einem Julienneschäler oder einem Spiralschneider feine Gemüsespaghetti herstellen und in der Suppe nur kurz heiß werden lassen, sodass sie noch Biss haben.

Mit **Gemüsespaghetti** lässt sich schnell eine Portion Rohkost in Ihren Speiseplan einbauen. Das Gemüse wird nur sanft erwärmt, hitzeempfindliche Nährstoffe werden geschont.

Scharfes CURRYPESTO

15 Min. – ca. 8 Portionen
pro TL (5 g) 21 kcal, 2 g F, 1 g KH, 0 g B, 1 g E

60 g ganze Mandeln // 30 g getrocknete Tomaten (in Öl) // 30 g getrocknete Aprikosen // 2 EL Tomatenmark // 1–2 TL rote Currypaste // 5 EL Olivenöl

1 Mandeln in einer Pfanne ohne Öl kurz anrösten, bis sie duften. Herausnehmen und zusammen mit Tomaten und Aprikosen grob hacken.
2 Alles mit Tomatenmark, Currypaste und Öl in den Mixer geben und 3–4 Min. cremig pürieren. Bei Bedarf noch 2–3 EL Wasser zugeben.

○ Wer es nicht so scharf mag, nimmt milde **gelbe Currypaste** oder Currypulver.

Grünes ZIEGENKÄSEPESTO

15 Min. – ca. 8 Portionen
pro TL (5 g) 13 kcal, 1 g F, 0 g KH, 1 g B, 0 g E

30 g Petersilienblätter // 30 g Basilikumblätter // 10 g Rosmarinnadeln // 1 Knoblauchzehe // 80 g Ziegenfrischkäse // 30 g Kapern, abgetropft // 5 EL Olivenöl // Salz // Pfeffer

1 Kräuterblättchen grob hacken. Knoblauch schälen. Kräuter mit Ziegenkäse, Kapern und Öl in ein hohes Rührgefäß geben, Knoblauch dazupressen. Alles 3–4 Min. cremig pürieren.
2 Mit Salz und Pfeffer würzen.

○ **Im Kühlschrank** bleibt das Pesto 3–4 Tage frisch.

GREMOLATA

15 Min. – 1 Schraubglas (6–8 Portionen)
71 kcal, 7 g F, 1 g KH, 0 g B, 0 g E

2 Bund glatte Petersilie // 2 Knoblauchzehen // 2 Bio-Zitronen // 50 ml Olivenöl // Salz

1 Petersilienblättchen abzupfen. Knoblauch schälen und zusammen mit der Petersilie fein hacken. Zitronen heiß abwaschen, trocken tupfen und die Schale oberflächlich abreiben. Alles mit Öl mischen und mit Salz würzen.
2 In ein sauberes Schraubglas füllen und im Kühlschrank aufbewahren. Hält sich mind. fünf Tage frisch.

Gremolata ist Zellschutz pur. Olivenöl steckt voller wertvoller Fettsäuren. Das Vitamin C der Petersilie wirkt antioxidativ und die Schwefelstoffe von Knoblauch schützen die Gefäße.

WASABI-WÜRZÖL

5 Min. – 2 Portionen
92 kcal, 10 g F, 1 g KH, 0 g B, 0 g E

2 EL aromatisches Olivenöl // ½ TL Wasabipulver (ersatzweise 1 TL Wasabipaste) // 1 Prise Salz

1 Das Öl mit Wasabi und Salz mischen. Kurz stehen lassen. Dann über die fertige Suppe träufeln.

Wasabi, auch Japanischer Meerrettich genannt, treibt mit seinen scharfen Senfölen die Durchblutung an und fördert somit die Verdauung.

- Wenn Sie das Öl ein paar Stunden durchziehen lassen, nimmt es die Aromen noch besser an. Am besten gleich eine größere Menge auf Vorrat zubereiten und kühl lagern.
- Statt Wasabipulver die gleiche Menge Matcha verwenden. Alternativ das Öl entweder mit 5 gehackten Basilikumblättchen, 1 Msp. Chiliflocken, 1 Stück gehacktem Ingwer, 1 kleinen gepressten Knoblauchzehe oder 1 gehackten getrockneten Tomate aromatisieren.

Frittierte PETERSILIE

10 Min. – 2 Portionen
74 kcal, 8 g F, 1 g KH, 1 g B, 1 g E

1 Bund glatte Petersilie // Öl zum Frittieren // Salz

1 Petersilienblättchen von den Stielen zupfen.
2 In einem kleinen Topf fingerbreit Öl sehr heiß werden lassen. Petersilienblättchen portionsweise im heißen Öl wenige Sekunden frittieren. Auf Küchenpapier abtropfen lassen und salzen.

Petersilie ist ein Vitamin-C-Booster. Das Vitamin bleibt beim kurzen Frittieren gut erhalten und stärkt die Abwehr.

○ Funktioniert auch toll mit Rucola.

Ausgebackene SALBEIBLÄTTER

10 Min. – 2 Portionen
196 kcal, 21 g F, 3 g KH, 1 g B, 1 g E

1 EL Kichererbsenmehl // ½ TL gemahlene Kurkuma // Salz // Öl zum Ausbacken // 1–2 Handvoll Salbeiblätter

1 Kichererbsenmehl mit Kurkuma und etwas Salz mischen. 3–4 EL Wasser zugeben, sodass ein dickflüssiger Teig entsteht.
2 In einem kleinen Topf fingerbreit Öl sehr heiß werden lassen. Salbeiblätter portionsweise durch den Ausbackteig ziehen und im heißen Öl frittieren. Auf Küchenpapier abtropfen lassen.

Die ätherischen Öle von **Salbei** wirken schleimlösend und antibakteriell. Das hilft bei Halsschmerzen genauso wie bei sämtlichen Magen-Darm-Beschwerden.

RÖSTBUCHWEIZEN *mit Parmesan*

15 Min. – 2 Portionen
111 kcal, 5 g F, 11 g KH, 1 g B, 7 g E

1 Zweig Rosmarin // 30 g Parmesan // 30 g Buchweizen // Pfeffer

1 Rosmarinnadeln abstreifen und hacken. Parmesan reiben und mit dem Rosmarin mischen.
2 Buchweizen in einer kleinen Pfanne ohne Fett rösten. Rosmarin und Parmesan darüberstreuen und Pfeffer darübermahlen. Wenn der Käse geschmolzen ist, Pfanne vom Herd nehmen und abkühlen lassen. Buchweizen-Parmesan-Taler in Stücke brechen.

Buchweizen steckt voller B-Vitamine, Magnesium und Antioxidantien. Das Rösten ist nicht nur die schnellste Art, den Buchweizen zu garen, sondern entlockt ihm auch am besten sein nussiges Aroma.

geröstete CURRY-KICHERERBSEN

5 Min. + 25 Min. Backen – 4–6 Portionen
180 kcal, 9 g F, 17 g KH, 4 g B, 7 g E

1 Dose Kichererbsen (400 g, Abtropfgewicht 265 g) // 2 EL Rapsöl // Salz // 1 TL Currypulver // 1 Msp. Cayennepfeffer

1 Backofen auf 180 °C vorheizen. Kichererbsen abgießen und gut abtropfen lassen. Mit Öl, Salz und den Gewürzen gründlich mischen.
2 Ein Blech mit Backpapier auslegen und die Erbsen darauf verteilen. Im heißen Ofen ca. 25 Min. rösten. Zwischendurch immer wieder am Blech rütteln, damit die Kichererbsen gleichmäßig bräunen.
3 Nach dem Backen abkühlen lassen und luftdicht verschließen. Halten sich sieben bis zehn Tage frisch.

Kichererbsen liefern nicht nur jede Menge pflanzliches Eiweiß, sondern auch Eisen, Magnesium und Zink.

○ Je nach Geschmack können Sie die Kichererbsen auch mit **Paprikapulver** oder Kräutern der Provence würzen.

GRÜNKOHLCHIPS

5 Min. + 15 Min. Backen – 4 Portionen
86 kcal, 7 g F, 1 g KH, 2 g B, 6 g E

150 g Grünkohl (ohne dicke Blattrippen) //
1 EL Rapsöl // 50 g geriebener Parmesan //
Pul Biber (türkische Gewürzmischung)

1 Backofen auf 160 °C vorheizen. Kohlblätter putzen und gut trocken schütteln. In mundgerechte Stücke zupfen.
2 Blätter mit Öl verkneten und auf ein mit Backpapier ausgelegtes Blech verteilen. Mit Parmesan bestreuen.
3 Im heißen Ofen 12–15 Min. knusprig backen. Anschließend mit Pul Biber bestreuen.

Grünkohl ist einheimisches Superfood – eine richtige Nährstoffbombe, prall gefüllt mit Folsäure, Kalzium, Magnesium und Eisen.

○ Wenn Sie keinen Grünkohl bekommen, klappt es auch genauso gut mit **Wirsing**. Auch er steckt voller Vitalstoffe.

KÄSECROÛTONS

5 Min. – 2 Portionen
231 kcal, 14 g F, 16 g KH, 2 g B, 11 g E

2 Scheiben altbackenes Brot //
60 g Hartkäse // 1 EL Butter //
Salz // Pfeffer

1 Brot in gleich große Würfel schneiden. Käse reiben. Butter in einer Pfanne erhitzen und Brotwürfel darin rösten. Mit Salz und Pfeffer würzen und den Käse darüber verteilen. Die Croûtons sind fertig, wenn der Käse geschmolzen ist.

Hartkäse, speziell Bergkäse, ist ein toller Lieferant für knochen- und zahnkräftigendes Kalzium. Viel Zink stärkt das Immunsystem.

○ Statt mit Käse können Sie die Croûtons auch mit grob zerstoßenem **Koriander** oder Kreuzkümmel und einer gepressten Knoblauchzehe aromatisieren.

Pikante gebrannte MANDELN

5 Min. + 1 Std. Backen – 10 Portionen
123 kcal, 11 g F, 2 g KH, 2 g B, 5 g E

1 Eiweiß // 1 TL Paprikapulver edelsüß (ersatzweise gemahlene Kurkuma) // 1 TL gemahlener Kreuzkümmel // 1–2 Msp. Cayennepfeffer // ½ TL Salz // 200 g ganze Mandeln

1 Backofen auf 120 °C vorheizen. Ein Blech mit Backpapier auslegen und beiseitestellen.
2 Das Eiweiß so lange schlagen, bis eine geschmeidige Masse entsteht. Gewürze und Salz einrühren, dann die Mandeln zugeben und gut vermengen, bis alle Mandeln von der Eiweißmasse umhüllt sind. Auf dem Backblech verteilen und 1 Std. backen. Dabei alle 10 –15 Min. vorsichtig umrühren.
3 Die Mandeln gut abkühlen lassen und grob hacken. In einer gut verschließbaren Dose aufbewahren.

Mandeln sind reich an gesunden Fettsäuren, Kalzium und Eisen. Durch Ballaststoffe und Eiweiß machen sie lange satt. Obwohl sie relativ energiereich sind, werden nur rund 80 Prozent ihrer Kalorien verwertet.

GRANOLA

10 Min. + 30 Min. Backen – 10 Portionen
98 kcal, 6 g F, 8 g KH, 2 g B, 3 g E

100 g 5-Korn-Flocken // 50 g gehackte Nüsse (ersatzweise gehackte Mandeln) // 30 g Leinsamen (ersatzweise Sesamsamen oder Sonnenblumenkerne) // ½ TL Zimt // 2 EL Rapsöl // 1–2 EL Ahornsirup

1 Backofen auf 180 °C vorheizen. Alle Zutaten in einer Schüssel gut mischen.
2 Ein Blech mit Backpapier auslegen und die Müslimischung darauf verteilen. Im heißen Ofen ca. 30 Min. rösten. Zwischendurch ein- bis zweimal durchmischen. Auf dem Blech abkühlen lassen. Dann luftdicht verschließen.

Der **Nährstoffmix** aus Vollkorngetreide, Nüssen und Saaten ist Nervennahrung pur.

○ **Granola** eignet sich vor allem für Fruchtkaltschalen als Topping.

REZEPTÜBERSICHT *und Zutatenregister*

C, D

E

F

G

H

I, J

K

L

M

© 2017 Stiftung Warentest, Berlin

Stiftung Warentest
Lützowplatz 11–13
10785 Berlin
Telefon 0 30/26 31–0
Fax 0 30/26 31–25 25
www.test.de
email@stiftung-warentest.de

USt-IdNr.: DE 136725570

Vorstand: Hubertus Primus
Weitere Mitglieder der Geschäftsleitung:
Dr. Holger Brackemann, Daniel Gläser

Alle veröffentlichten Beiträge sind urheberrechtlich geschützt. Die Reproduktion – ganz oder in Teilen – bedarf ungeachtet des Mediums der vorherigen schriftlichen Zustimmung des Verlags. Alle übrigen Rechte bleiben vorbehalten.

Programmleitung: Niclas Dewitz

Autorin: Dagmar von Cramm
Assistenz: Anna Paki, Freiburg

Projektleitung: Lisa Frischemeier
Lektorat: Judith Ley, Mainz
Mitarbeit: Veronika Schuster, Berlin
Korrektorat: Brigitte Hamerski, Willich
Umschlaggestaltung: Axel Raidt, Berlin,
unter Verwendung von Illustrationen von Rinah Lang
Layout, Satz: Büro Brendel, Berlin
Fotografie: Knut Koops, Berlin
Food-Styling: Frauke Koops, Geesthacht
Illustrationen: Rinah Lang, Berlin

Produktion: Vera Göring
Verlagsherstellung: Rita Brosius (Ltg.),
Susanne Beeh
Litho: tiff.any, Berlin
Druck: Schreckhase, Spangenberg

ISBN: 978-3-86851-448-3

Wir haben für dieses Buch 100 % Recyclingpapier und m ralölfreie Druckfarben verwendet. Stiftung Warentest dru ausschließlich in Deutschland, weil hier hohe Umweltstand gelten und kurze Transportwege für geringe CO_2-Emissio sorgen. Auch die Weiterverarbeitung erfolgt ausschließl in Deutschland.